すぐに使える！ビジネス交渉14のスキル

葛西伸一

経法ビジネス新書
014

はじめに

「葛西さん、悪いけどこの見積もり、ちょっと高いわ。あと5％くらい頑張ってよ」

これは、私が若い頃部品の営業をしていた時代に、購買担当者から日々言われていた値下げの要求だ。いつもは一緒にお茶を飲みながら雑談をしている購買担当者も、コストダウンともなれば目の色が変わる。

この本を手に取っているビジネスパーソンは、このような経験は日常茶飯事なのではないだろうか。今でこそ、私は交渉術の講師として全国からお声掛けいただき、年間5千人以上の受講者に、ビジネスで成果を出すための交渉術を伝授している。しかし20代の頃の私は、そんな値下げ要求に対してできたことといえば、次のようなやりとりだった。

「いやぁ、勘弁してください…。うちもこの価格、限界なんですよね…」

「あのさー葛西さん、うちは毎月1万個も発注しているんだよ？　それで、この2年間まったく値下げなしなんてあり得ないよ、ちょっと検討してよ」

「あ、はい…。じゃ、事務所に戻って上司と相談してみますが…」

こんな準備もスキルもない、行き当たりばったりの対応だった（もはや交渉とはいえない）。

当然、営業所に戻れば上司の所長から、「葛西はこの値下げ要求に、どう対処する？」

と聞かれ、「えーと、メーカーさんにお願いしてみようかと…」

「どうやって？」

「お客さまが5％下げてくれと言っているので…」

「はぁ？　お前は、メッセンジャーボーイか？」

と呆れられ、そのあと上司からの厳しい指導が待っていたことは言うまでもない。

私が就職した1992年は、バブルがはじけた年で、世の企業は急激に売れなくなった不良在庫を抱えて真っ青になっていた時代だ。そのこともあってか、私の営業1年目は、値下げ要求への対応や、自社が抱えてしまった3千万円以上の売れなくなった部品在庫を売りさばくことだった。

私が新人営業研修を経て7月に配属された営業所は、神奈川県川崎市の東急線・新丸子駅の商店街の中にあった。その会社は、誰もが知っている大手電機メーカーの部品代理店で一部上場、当時は従業員1千人を超える企業だった。

当時は、今とは違い、昔ながらの体育会系営業教育が当たり前の時代で、コンプライアンスやパワハラなどという言葉もなかったので、上司からの指導という名の「詰め」はとてつもなく厳しいものだった。それに追い打ちをかけて、私の交渉能力のなさは悲惨なものだった。

しかし、今ではあらゆる交渉事に対して、少なくともそれなりの対応はできる。

その理由はいくつかあるが、1つはやはり経験である。20代の頃はろくに交渉経験もなかった私だが、ビジネスを25年以上やっていると、さまざまな交渉を経験する。ましてや営業という職業柄、交渉シーンは毎日やってくる。交渉はこの「場数をこなす」ことがとても重要だ。私はゴルフが好きだが、いくら練習してもコースに出る回数が少ないとなかなかスコアが良くならないのと同じだ。

かといって、ひたすら経験を重ねれば交渉はうまくなるのかというと、そうとも限らない。やはり、やみくもに経験するよりも、交渉のメカニズムを体系的に知ったうえで経験するほうが、交渉のスキルは圧倒的に早く向上する。ゴルフで例えるならば、正しくボールを飛ばせるメカニズムをゴルフスクールや本などで体系的に学びつつ、コースを経験したほうが、上達するのが断然早いことと同じだ。

この本で紹介する交渉の考え方やスキルは、私がＭＢＡスクールで学んだ、米国ハーバード大学が研究している交渉の考え方やスキルに加え、私自身が日本国内や世界の企業との交渉経験から得られた生の交渉技術が、体系的かつ実践的に盛り込まれている。

そういう意味では、この本は皆さんがビジネスや私生活で直面する「どうすれば、望ましい交渉ができるのか？」「どうすれば、主導権を握りながら優位に交渉ができるのか？」「どうすれば利益を確保できるのか？」などの疑問に答えることができるだろう。

本書はできる限り多くのビジネスパーソンに実践していただけるよう、また、あらゆる業界・職種の人が応用できるように、一般化して説明している。またＢ toＢ、Ｂ toＣ

の両側面から読める部分が多く構成されている。もし、あなたが若手のビジネスパーソンならば、自分の経験と照らし合わせ、疑似体験をイメージしながらこの本を読んでいただきたい。また、あなたがベテランのビジネスパーソンならば、これまでのあなたの経験と、この本で紹介する交渉のメカニズムに当てはめて整理する機会にしていただきたい。そうすれば、あなた自身の交渉力強化はもちろんのこと、後輩や若手に向けて交渉の指導をする際にも大いに役立つはずである。

ただし、スポーツと一緒で、いくら手法を学んでも、実践で磨いていかなければ交渉スキルは向上しない。したがって、ぜひこの本を読んで、新しいスキルを武器に、すぐに実践していただきたい。そうして自分のものにすることで、ビジネスでの成果を必ず出せるものと確信している。

葛西　伸一

すぐに使える！　ビジネス交渉14のスキル

●目次

に何をするべきか？）／⑥交渉時間（交渉開始日時、交渉期限、スケジュール）

4 Profiling…【相手分析】交渉相手の人物像や性格などを分析する

①Profiling…相手の人物像／②自分と相手の利害は何か？ 互いの共通利害は何か？／③相手の関心事項や興味は何か？／④相手はどんな情報をどれくらい持っているか？／⑤キーマンと影響者は誰か？／⑥相手の時間的猶予はどれくらいか？

5 Relation…【構造分析】相手との関係性も含めその交渉の構造を分析する

①Win-WinかWin-Loseか／②SP、TP、RPのスリーポイントを設定する／③価値交換…何を相手と交換できるか？／④BATNA…交渉が決裂しそうになった（した）場合の次の選択肢は何か？／⑤譲歩の条件と範囲／⑥「何にフォーカスし」「どのように」論理的に説明するか？／⑦質問1…相手に質問すべき重要な事項は何か？／⑧質問2…相手からの想定質問と重要質問への応答準備／⑨合意するために解決しなければならない最重要事項は何か？

第1章

交渉とは何か？

1．交渉ってそもそも何？

交渉とはそもそも何だろうか？　一般的な対話と何が違うのだろうか？

営業担当者がお客とお茶を飲みながら雑談しているのは交渉か？

年末になってカレンダーを渡しているのは交渉か？

これらは、どうも交渉という感じがしない。

では、お客からのコストダウン、納期調整や仕様変更の依頼などはどうだろうか？

これらは、皆さんも直感的に「それは交渉だろう」と思うに違いない。では、一体、何が交渉で、何が交渉ではないのか？

本書では「**何らかの利害を背負った主体（個人・組織など）が、コミュニケーションを図ることで、互いの利害を確定しようとする行為**」を交渉と定義する。この後も、この定義に沿って本書を読み進めていただくと分かりやすいだろう。

前者の例のように、お客とお茶を飲んでいる状態では、信頼関係を構築したり、情報入手をしたりしているのであって、直接的に利害を確定しようとはしていないので、交渉とは言えない（もちろん中長期的には利害に関係はするのだが直接的ではない）。

　一方、後者のコストダウンなどは、利害に直接関与してくるため、まさに交渉であると言えよう。


　私たち人間は、地球上に誕生した時から、生きるために利益を追求している。狩猟したり、生産したりして得た食べ物を奪い合ったり、限られた天然資源を奪い合って戦争まで起こしたりする。まさに利害の対立である。しかし利害は、天然資源や食べ物のように「物品」だけではない。面子やプライドなどの「気持ち」もまた利害である。

　今この瞬間も、地球上でさまざまな国、企業、人々が交渉を行っているが、「物品」だけではなく「気持ち」が利害になっている交渉も無数にあるはずだ。このように、**「物品」や「気持ち」の利害を、コミュニケーションを図りながら確定しようとする行為が交渉である。**

　その利害の確定が合意に至らない場合は、国であれば戦争になり得るし、企業であれば法廷闘争になる。しかし戦争や裁判ではなく、できることなら、知恵を働かせて対話を行い、互いの利益が増えた後で分け合えば、紛争になることは少なくなるはずだ。

そのようにして生まれたのが交渉学であり、米国のハーバード大学が研究している、通称「ハーバード流交渉術」と言われるものである。そもそもハーバード流交渉術は、世界の紛争の犠牲者をＷｉｎ－Ｗｉｎ交渉によって減らすというコンセプトで生まれたものと言われている。

そこで対話によって交渉するために、まずは、どのような交渉が世の中に存在するのかを俯瞰していこう。次頁の図１を見てほしい。交渉にはさまざまな種類やスケールがある。

例えば、レストランの行き先などを交渉するファミリー交渉から、政府間の貿易交渉や和平交渉まで多岐にわたる。そして、縦軸がステークホルダー（利害関係者）の量で、横軸が合意形成の要因だ。

ファミリー交渉のステークホルダーは家族や友人であり、その人数は少ない。そして、論理的というよりも心理的に行き先を決める。まさか、休日の過ごし方を論理的にエクセル分析して家族で決めるという人はいないだろう。

〈図１〉

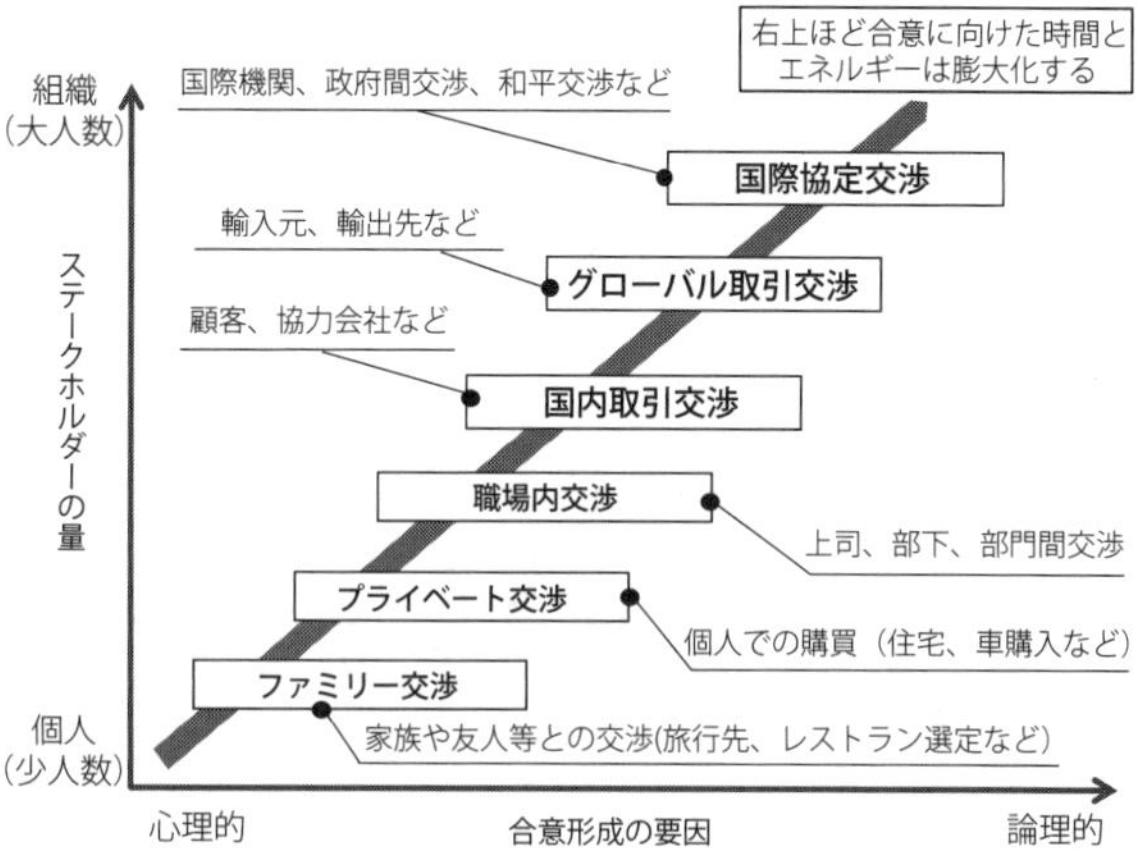

一方、ＴＰＰ交渉などのように、スケールが大きく、ステークホルダーが多く関与する交渉では、論理的に意思決定を行っていくだろう（１９８９年～１９９０年に行われた日米構造協議では、「日本人の腸は短くて細いから牛肉を輸入できない」と非論理的な発言した人がいたそうだが…）。

このように我々は、何らかの利害を背負った主体（個人・組織など）であり、コミュニケーションを図ることで、常日頃から互いの利害を確定するために交渉を行っているということだ。言い換えれば、個人や組織は「生き残る」ために、また「勝ち残る」ために利害で争っているわけだ。地球上のすべての争いが対話で解決できるほど甘くないかもしれないが、少なくとも「知恵と対話」を持つ人間が交渉することによって、争いは減り、幸福は増える方向に向かうはずだ。

この考え方は我々のビジネスにも合致する。我々は交渉という対話によって取引条件を決めていき、互いが利益を最大化しようとしている。まさにビジネスは交渉の連続だと言える。ただし、同じビジネス交渉であっても、それがB to CかB to Bかによって利害の確定プロセスが多少異なることは理解しておきたい。

例えば、個人に自動車、住宅、衣服を販売するような販売担当者と、企業の購買部門や技術部門を相手にする法人営業担当者とでは、利害を確定する交渉の構造に違いが見られる。

次頁の表1を見てほしい。個人相手に交渉するケースをB to Cと呼び、組織相手に交渉するケースをB to Bと呼ぶ。まずB to CとB to Bの最大の違いは、お金の出どころだ。B to Cの交渉では、自分の財布からお金を出すとなれば、「失敗したくない。1円でも安く買いたい」などという必死の心理が働き、交渉は困難を強いられる。

〈表1〉

B to C	B to B
意思決定者が少ない	意思決定者が多い
購買決定まで比較的短い	購買決定まで比較的長い
感情も重要な要素	論理的な要素が重要
個人の交渉力	個人と組織の交渉力
自分または家庭内の調整	組織内の調整
金額　1円～数千万円	金額　1円から数兆円
個人の財布	会社の財布

また、往々にして個人相手の交渉の場合は、相手も粘り強く、時に強引で感情的であるため、いったん交渉がこじれると補正するのが大変だ。しかし、裏返すと感情的ということは、論理的な判断によらず、その時の感情や気分で購買決定をすることがあるため、うまく活かせば楽な面もある。

一方のＢtoＢは、交渉相手が大きな組織であるほど、合意形成に時間、工数、論理が必要になり、感情では決まらないことが多々ある。ただし、中小・零細企業などは、社長が非常に強い権限を持っていることが多く、社長個人がＹＥＳと言えば交渉がスムーズに進むことは多々ある。つまり相手が小さい組織ほど、ＢtoＢでありながら、ＢtoＣに近い要素があるということだ。したがって、小規模企業への売り込みほど、交渉相手は社長個人となり、ＢtoＣに近い交渉となる。

このように交渉相手によっても、多少交渉のやり方は異なってくる。しかし前述したように、いずれも利害を確定しようとする行為に変わりはない。そこで、その利害の確定のために必要な考え方やスキルについて、これから一つひとつ見ていこう。

2．Ｗｉｎ－ＷｉｎとＷｉｎ－Ｌｏｓｅ交渉の違い

我々がビジネスで使うＷｉｎ－ＷｉｎとＷｉｎ－Ｌｏｓｅとは、厳密にはどのような違いがあるのだろうか？

まずは言葉の違いから考えてみたい。そこでビジネスや交渉学で使われる言葉を次頁の表2にまとめてみた。左列の語群と右列の語群にはどのような違いがあるのだろうか？

左列の語群は**１００ある資源を相互が協力して増やして分けること**を意味する（例えば１２０に増やして60―60のように）。すなわち左列の語群はすべてＷｉｎ－Ｗｉｎ交

〈表2〉

パイの拡大と配分	パイの取り合い
Win-Win	Win-Lose
Negotiation（交渉）	Bargaining（折衝）
Integrative（統合型）	Distributive（分配型）
Cooperative（協調的）	Competitive（競争的）

渉を表している。

一方の右列の語群はすべてWin-Lose交渉を意味しており、**限られた100の資源を当事者同士が何らかの配分で分け合うことを**意味する。つまり、同じWin-Win、Win-Lose交渉であっても、その表現はさまざまであり、同時に混乱するところでもある。そこで表内の「交渉」と「折衝」という言葉でその違いを理解すると、広義としては分かりやすいかもしれない。

【交渉】［名］（スル）Negotiation

1　特定の問題について相手と話し合うこと。掛け合うこと。「労働条件について―する」

2　交際や接触によって生じる関係。かかわり合い。関係。「悪い仲間との―を絶つ」「異性と―をもつ」「没―」

【折衝】［名］（スル）Ｂａｒｇａ・ｉｎ・ｉｎｇ

《敵の攻撃をくじき防ぐ意から》利害関係が一致しない相手と問題を解決するために、かけひきをすること。また、そのかけひき。「労使間で―する」「外交―」

（出典：小学館『デジタル大辞林』）

この説明だけでも、何となくその違いに気づくだろう。言語的には、交渉とは相互に話し合って物事を解決するという平和的な意図を含んでいる。一方、折衝は、攻撃的な意味を持っており、相手に対して優位に立とうとする意図がある。これは一般的に言うところの、「Ｗｉｎ‐Ｗｉｎ」は広義では「交渉」であり、「Ｗｉｎ‐Ｌｏｓｅ」は「折衝」であると考えて差支えない。ただし、交渉学上の狭義としてはＷｉｎ‐Ｗｉｎはあくまでも「増やして分ける」という「交渉」に限定される。

いずれにしても、Ｗｉｎ‐Ｗｉｎ交渉を目指すほうが平和的であり、なおかつ両者が得られる利益が増大する可能性を秘めているわけだから良いと考えるのが自然である。

事実、「いかに〝Ｗｉｎ‐Ｗｉｎ交渉〟を実現するか？」をテーマにしている著書が多い。しかし、実際のビジネスはそんなに甘くはなく、常にＷｉｎ－Ｗｉｎ、Ｗｉｎ－Ｌｏｓｅが交錯して成り立っている。こちらがＷｉｎ－Ｗｉｎのスタイルで交渉に臨んでも、Ｗｉｎ－Ｌｏｓｅ交渉スタイルを一貫して変えない交渉者もいる。

実際に私が交渉術研修の講師をした時に、受講者から出る質問は、「威圧的な相手とうまく交渉する方法は？」「相手がＷｉｎ－Ｌｏｓｅのスタイルを変えてこない場合、どうしたらいいか？」「こちらの話をまったく聞こうとしない交渉者とどうすればうまく交渉できるか」というようなものが圧倒的に多い。それも現実なのだろう。こういう経験をすることが交渉術を学びたいという動機になっている受講者は少なくない。

ちなみに、業種や職種によってもＷｉｎ－Ｗｉｎ交渉とＷｉｎ－Ｌｏｓｅ交渉の割合に違いがある。私がさまざまな業界向けに研修を実施している中で、厳しいＷｉｎ－Ｌｏｓｅ交渉を経験している人が多いと痛感するのが「地方自治体」である。中でも、市役所の市民課や用地買収担当の人が、私の交渉術研修によく参加されるのだが、彼らの話を聞くと交渉相手が無条件で、攻撃的Ｗｉｎ－Ｌｏｓｅ交渉を仕掛けてくるケースが多いようで、とても苦労していることが分かる。

自治体の人が交渉に苦労する理由はいくつかある。例えば、地方自治体では、その地域の人や組織すべてが顧客である。優しい人、裕福な人、こわい人、生活が苦しい人…、地域にはいろいろな人がいる。中には「お前たちは俺の税金で食っているんだから、俺の言うとおりにしろ！」と、かなり〝上から目線〟で交渉をしてくる人もいる。したがって、その対応に苦慮することが多い。

もう1つは、彼らは民間企業に比べて交渉テクニックの使用が制限されることがある点だ。自治体が「住民票発行手数料年末特別割引！」とか、「では、そこまで言われるなら、今回だけ無料で体育館を使えます」など、民間企業ならば柔軟に対応できるようなことも自治体の立場で行ったら大問題となる。したがって、良識的に市民から支持されるような交渉をしなければならない。

自治体以外にも、一般消費者を相手にするB toCのビジネスでは交渉に苦労する。前述したように「一般消費者は自分の意思決定に責任を持ち、自分の財布で支払う」から必死である。損をしたくない、失敗したくないという気持ちが先行し、無意識のうちにWin-Loseの交渉スタイルになることが多い。特に、住宅販売のように、高額かつ長年住むような商品を購入する時には、購入決定した後の責任をすべて自分が負うために、顧客の心理には常に不安がつきまとうので、それを払拭しなければ合意には至らない。そして、必死であるがゆえに、顧客はいったん感情的にキレると手が付けられないことも多々ある。

さらに、ＢtoＣのお客さま相談室のコールセンターでは、実態として消費者からのクレームも多く、相手は最初からＷｉｎ－Ｌｏｓｅの姿勢で臨んでくることが多い。その理由には３つの心理的な作用がある。第一に、電話だから相手が近くにいない、顔が見えないということから信頼関係が築きにくいこと。第二に、相手が近くにいないわけだから、何を言っても怖くないという安心感が働くこと。第三に、弱腰に交渉すると自分の主張を受け入れてもらえないのではという不安感があること。主にこれら３つの理由から客側も無意識に強い口調になってしまうことが多く、さらにたちの悪いクレーマーになると、要求をひたすら突き付けるというエスカレートした行動に出る輩も出てくるわけだ。

このように、実際のビジネスでは、すべてがＷｉｎ－Ｗｉｎ交渉でスムーズに運ぶということはあり得ない。したがって、まずはＷｉｎ－ＷｉｎとＷｉｎ－Ｌｏｓｅの交渉の違いを理解したうえで、皆さんの仕事のシーンに応じて、うまく使い分けてほしい。

そして、そのうえで、できるだけＷｉｎ－Ｗｉｎ交渉に軸足を置きながら交渉を進めるよう提言したい。そのために、まずはここまで見てきたＷｉｎ－ＷｉｎとＷｉｎ－Ｌｏｓｅ交渉の違いをあらためて整理してみよう。

Ｗｉｎ－Ｗｉｎ交渉とは、「目の前にある資源を、知恵を絞って増やしてから分ける」ことである。その結果、お互いが満足する利益を獲得することができる。

Ｗｉｎ－Ｌｏｓｅ交渉とは、「目の前にある資源を駆け引きして分ける」ことである。その結果、どちらか一方が大きな利益を得るか、双方が少量の利益を得るにとどまる。

これはぜひ覚えておいてほしい。「Ｗｉｎ－Ｗｉｎは知恵と対話で増やして分ける」「Ｗｉｎ－Ｌｏｓｅは駆け引きをして分け合う」ことである。ただ、日本では１００の資源をお互い50―50に、フェアかつ平和的に分けることを理想的なＷｉｎ－Ｗｉｎ交渉だと考えている人が多い。

しかし、いくら平和的に対話したとしても、１００を増やした後に分けていない以上、厳密にはＷｉｎ－Ｌｏｓｅ交渉となる。なぜならＷｉｎ－Ｌｏｓｅ交渉の結果、衝突をできるだけ避けようとして、結果として平和的に50－50となったにすぎないからだ。真のＷｉｎ－Ｗｉｎ交渉と呼ぶためには、やはり１００という資源全体を増やすことからはじめなければならない。

ただし、ここで言及しておくべき重要な点がある。実際の我々の交渉は生き物であるから、必ずしも表2のように、常にＷｉｎ－Ｗｉｎ、Ｗｉｎ－Ｌｏｓｅときっぱりと分けられるものではない。完全にＷｉｎ－Ｗｉｎあるいは Ｗｉｎ－Ｌｏｓｅ交渉のいずれかである場合もあるが、その両方が混在する交渉であったり、その中間に位置する交渉であったりと、微妙な位置づけの交渉も多く存在する。したがって、ここでいう違いは「あくまでも基本的な考え方を体系的に整理するため」と理解されたい。

次に、Ｗｉｎ－Ｗｉｎ交渉をもう少し深く理解するために、ビジネススクールでよく使われるケースを紹介しよう。「姉妹のオレンジの交渉ケース」だ。これは、世界のMBAスクールで頻繁に使われている。

「姉妹の前に、オレンジが3つ置いてある。姉妹は2人ともこのオレンジを使いたいため、ケンカをして奪い合おうとする。そこであなたが姉なら、どのように対処するか?」というミニケースだ。

答えは、いったん姉が冷静になって「妹に用途を聞く」というものだ。用途を聞くと、姉は「ジュースを作りたい」、妹は「ケーキをつくりたいから、オレンジの皮を使いたい」ということが判明する。ならば、姉が3つのオレンジでジュースを先に作り、妹が残った3つの皮を取れば、3つのオレンジが実質的に6つになって、増えた状態になってから3と3で分ける、という考え方で、典型的なWin-Win交渉となる。

このケースは、人間が目の前に利害があるとコンフリクト(衝突)を起こしてしまい、互いが利益を得られる手段を見失いがちだから、きちんと話し合いをして、知恵を出し合えば「増やして分けるＷｉｎ－Ｗｉｎ交渉になる」というメッセージだ。そういう意味でこれは非常に分かりやすく、優れたケースと言える。実際のビジネスでも、コミュニケーションや信頼構築をよりしっかりと築けば、スムーズに解決する交渉も少なくない。

ところが実際のビジネスでは、必ずしもこの姉妹のケースのように、「用途が異なるから、中身と皮で分け合いましょう」とはならないこともある。つまり、目的が同じで資源を増やせない取り合いの状態だ。ではその場合には、どのように交渉すべきだろうか？　次のＡ～Ｊのアイディア事例を読む前に、皆さんも頭の中で考えてほしい。

オレンジ（資源）が１つで、目的が同じということは、まさにＷｉｎ－Ｌｏｓｅ交渉として衝突が起こりやすい状況だ。しかし、ここでもできるだけ対話をして互いに妥結点を見出したい。その時に必要なことも、やはり対話と知恵、そして、ちょっとした駆け引きだ。

次のようなアイディアが私の交渉研修の受講者からよく出てくる。

〈アイディア事例〉

Ａ：オレンジを仲良く半々に分ける
Ｂ：「じゃんけん」やくじ引きで決める
Ｃ：オレンジを母親にあげて、ケンカの要因を消してしまう
Ｄ：母親に追加で買ってもらえるように姉妹で交渉する
Ｅ：姉が代替物（リンゴ等）を探して妹に提示し譲歩を迫る
Ｆ：時間軸を使う（次回あげるからと今回は譲歩を迫る）
Ｇ：「太るよ」「虫歯になるよ」と言って妹を躊躇させる
Ｈ：細かく分けて１つずつの片を交互に取り合う（ドラフト方式）
Ｉ：姉が皮をキレイにむいてあげるから仲良く半分ずつにする（無償サービスの付加）
Ｊ：妹に切らせて、姉が取る（妹は半分に切らざるを得なくなる）

ほかにもあると思うが、このように知恵を絞ると、さまざまなアイディアが出る。
さらに、これらのアイディアは、よく見ると、Ｗｉｎ-Ｗｉｎ的、Ｗｉｎ-Ｌｏｓｅ

的の交渉に分かれる。A～Jのアイディアの中には、典型的なWin－Win交渉は１つしかない。それはDの「母親に追加で買ってもらえるように姉妹で交渉する」だ。これは明らかに「増やして分ける」交渉であり、母親への交渉が成功すれば、オレンジを追加することで、お互いが１つ以上を得ることになる。

しかし、それ以外の交渉アイディアはどうだろうか？　どれも増えていない。つまり、今ある１つのオレンジを、「どのようにして相手を納得させて分けるか」という交渉だ。つまり、厳密にはWin－Lose交渉のスタイルなのだ。

3．第三の選択肢

ある役所の審議会の対話例で見てみよう。

空港から市内への幹線道路がある。渋滞が多く道路自体も老朽化しているのだが、それについてX委員とY委員が言い争っている。X委員は、

「幹線道路の渋滞や老朽化は大問題だ！　高速道路の建設工事を行って、空港から市内

への移動時間を短縮するべきだ！」

と主張し、Y委員は、

「空港から市内への高速道路の建設工事なんてとんでもない！」

と主張している。

あなたが進行役（司会）なら、どのように対処するだろうか。

例えばこんなシナリオはどうだろうか。まずは、X委員とY委員の言い分を聴くという姿勢を示す。そのうえで、

「Xさん、Yさん、それぞれのご意見を詳しくお聴かせください。Xさんが高速道路の建設を主張される理由、Yさんが高速道路の建設に反対する具体的な理由を教えていただけますか。また、双方の主張の具体的なメリット・デメリットは何でしょうか？」

Xさん、Yさんの意見を傾聴した後、

「…なるほど。Xさんは空港から市内への渋滞や道路の老朽化を改善して、市民や旅行者の声に応えたいのですね。Yさんは、多額の費用を高速道路に費やすことは、いまの財政を考えたら反対なのですね。しかし空港から市内への交通網改善には同意されるの

ですね。ならばYさん、バイパス道を作ったりするのはいかがですか？　費用はかなり低減できるはずです。あるいは、地元の鉄道会社やバス会社と交渉をして、よりスムーズな空港と市内の移動対策について検討するというのはいかがですか？」という具合だ。

もちろん、実際の審議会では、さまざまな人が参加しており、紛糾したり、非論理的な主張を通そうとする人もいるだろうから、これほど簡単ではない。

しかし、双方の主張を聴いて、その本質的問題がどこにあるかを知り、またバイパスや地元の交通会社との交渉という「第三の選択肢」を生み出すことが、納得できる解を導くうえで重要だということを理解できるだろう。

これら姉妹や役所のケースのように、我々のビジネスでは、まず相手と対話をし、「互いの利益が増える知恵がないか」と画策し、見つかれば「増やしてから分ける」。しかし、それが見つからない場合は、「対話をしながら、駆け引きもしつつ分け合えるかを探り、場合によっては最後は妥協や譲歩をしながら分ける」という具合になっている。

4. Win-WinとWin-Loseの事例と見分け方

ではさらに、実際のビジネスや私生活において、Win-Win、Win-Lose交渉にはどのようなものがあるかを考えてみよう。

まずは、私が若い頃、営業を担当していた電子部品の営業事例から。顧客は、電機メーカーでパソコンを製造している会社だとする。そこへ私は電子部品を売り込みに行くわけだが、最初は技術者にアポイントを取って訪問し、部品を提案する。この時、ニーズも分からないままいきなり提案しても、トンチンカンな提案になり、売れない。

そこで、まずは技術者がどんなパソコンを作りたいのかニーズを聴き出す。そして、その技術者が「できるだけ薄いパソコン」を作りたいと知ったならば、どんなパソコンの設計にすれば薄くなるのかを一緒に考える。そして、できるなら、自社の部品を搭載することで、薄くて性能の良いパソコンが実現できるアイディアを提案する。

これは、限りなくWin-Win交渉だ。なぜならアイディアを一緒に考えることで、薄型のパソコンが実現できれば、顧客はパソコンがより多く売れ、自社の部品もたくさん売れる可能性が高まる。そして、互いにその売れた利益を分け合えばいいのだ。

しかし、ビジネスはそこで終わらない。技術者が私の提案した部品Aの採用を決めてくれたとする。その後、当然ながら技術者から購買部門に購入手配が回る。すると、購買担当者が営業担当である私に対して、「葛西さん、悪いけどこの見積もり、ちょっと高いわ。あと5％くらい頑張ってよ」となるわけだ。そうなると、Ｗｉｎ－Ｌｏｓｅ交渉に近づく。1つの商品の値段を維持するか、もしくは下げるかという交渉（というより折衝）になっていくのだ。

そして、交渉の末、何とか採用となり、最初の発注が来た。本来は、発注から3か月のリードタイムが必要なのに、顧客は1か月後と指定してきた。またここで「納期調整」というＷｉｎ－Ｌｏｓｅ交渉が発生する。

このように、実際のビジネスでは、Ｗｉｎ－ＷｉｎとＷｉｎ－Ｌｏｓｅ交渉が混在して動いていく。ビジネスは生き物なのである。

一方、私生活ではどのような事例があるだろうか。

私生活の交渉では、Ｗｉｎ－Ｌｏｓｅ交渉が少なくない。一番分かりやすい事例は、海外旅行をしたときの土産屋とのディスカウント交渉だろう。我々はとにかく、その場で気に入った土産品をひたすらディスカウントしようとするだろう。国内の事例であれば「家電量販店での買い物」「車の売買」「アクセサリーの卸問屋での購入」「ゴルフの会員権購入」などがＷｉｎ－Ｌｏｓｅ交渉になりやすいだろう。

いずれのケースも、ＢtoＢに比べて、比較的短期間で限定的な取引が多く、その取引一つひとつの利害が重要となる。

あえて、もう1つ例を出すならば、「引越し業者への見積もり依頼」の事例だ。我々が引越し業者に依頼する場合、おそらく2社以上に見積もりを依頼して安い業者で決めたいと考えることが多い。そして、ネットなどで自分の引越し条件（部屋の広さ、家具のサイズと個数、階数など）を入力して数社に見積もりを依頼する。

すると、営業担当者から訪問日の連絡が来て、「概算金額はネットでお知らせしましたが、実際にお部屋を拝見しないと正確な見積金額が出せません」と言われる。そして、営業担当者が部屋を見に来る。ここからが交渉だ。営業担当者は、まずは、見積もりのために部屋の家具などを調査すると同時に、そのお客がほかにどんな業者から見積もりを取っているかを探ってくる。

そこで、いったん、見積もりをお客へ提示し、その後にお客から交渉を受ける。ここからは駆け引きだ。当然お客はゴネる。「他社はおたくより1万円くらい安いですよ…」と。

そして、営業担当者は「……分かりました！　では本社に掛け合いますので、少しお時間をください」などと言って、その場から電話で社内的な稟議交渉を行う。電話が終わると、「お客さま、もしこの場で当社に決めていただけるならば、あと1万2千円お下げします！　本社の了解を得ました！　ただし、この場で決めていただけることが条件です」と提示する。

営業担当者としても、他社と何度も天秤にかけられるのは合理的ではない。まさにＷｉｎ－Ｌｏｓｅ交渉のメカニズムだ。こうしてお互いに少しでも利益を分け合える合意点を探して契約にたどり着くわけだ。

では、Ｗｉｎ－Ｗｉｎ交渉とＷｉｎ－Ｌｏｓｅ交渉を見分けるガイドラインには、ど

〈表3〉

	Win-Win 交渉	Win-Lose 交渉
相手との**長期的関係**維持の必要性	ある	ない
資源を増やせる可能性	ある	ない
交渉する**時間・余地**	ある	ない
創造的な**第三の選択肢**を考える余地	ある	ない

のようなものがあるのだろうか。上の表3は、Win−Win、Win−Loseのガイドラインだ。

まずは最上段の「相手との長期的関係維持の必要性」について、Win−Winの場合は、長期的な関係性が期待でき、その長い関係性の中で、互いの利益を最大化できる可能性を秘めていることが多い。一方、Win−Loseの場合は、比較的限定的な付き合いで、期間も短い（ただし、自動車ディーラーの営業担当者などと個人的に親しくなって、長年同じ営業担当者から購入する人もいるだろう。その場合は、Win−Loseの関係からWin−Winに近づけるケースである）。

2段目の「資源を増やせる可能性」については、お互い知恵を出し合って資源を増やして分けることができそうか否かである。例えばWin－Winであれば、企業Aが投資をすることで、企業Bは資金を増やし、新たな事業へ投資して稼いでお金を増やす。企業Aは、Bが稼いだお金から、配当をもらうなどによって、お互いの資源が増えるケースなどだ。

一方、1つの商品やサービスを売る・買うというシンプルな行為が交渉の中心にあり、資源を増やすよう創造的な選択肢が生まれづらい限定的な交渉になると、Win－Loseの要素が強くなる。

そして3段目の「交渉する時間・余地」があるか否かについては、交渉時間に猶予があり、交渉を何度か重ねることができればWin－Winであり、逆に時間も限られている場合は、Win－Lose交渉になりやすい。

例えば、家電、車、引越し、ゴルフ会員権などの売買交渉は「今、必要だから」「今、欲しいから」と交渉を開始することが多く、1年後、2年後の交渉をする人は少ないだろう。そう考えると、交渉の余地や時間が充分にあるケースはまれであり、Win－L ｏｓｅ交渉になりやすい。

最後に、お互いが満足できるような「第三の選択肢」を考える余地があるか否かだ。Ｗｉｎ－Ｗｉｎ交渉であれば、交渉の中で、互いの利益が増えるようなアイディアを提案したり、知恵を出し合うような協議ができる。

一方、ある程度の衝突や駆け引きが不可避であり「あなたから買う・買わない」「あなたに売る・売らない」を決めていく交渉の場合は、Ｗｉｎ－Ｌｏｓｅ交渉になりやすい傾向がある。

このように、Ｗｉｎ－Ｗｉｎ的であるかＷｉｎ－Ｌｏｓｅ的であるかの交渉を見分けるガイドラインとして、表3のように「あり」が多ければＷｉｎ－Ｗｉｎ的交渉になりやすく、そのアプローチで交渉すべきである。逆に、「ない」が多ければ、ある程度、駆け引きを使いながら、双方ができるだけ納得できる合意、または不満を少しでも減らすような合意に至る交渉を行うことが、Ｗｉｎ－Ｌｏｓｅ的な交渉であると言える。

なお、有名なハーバード流交渉術では、Ｗｉｎ－Ｗｉｎ交渉の原則として、「人と問題を分離する」「立場ではなく利害に焦点を合わせる」「複数の選択肢を創り、決定はその後にする」「客観的基準を強調する」という4つの文言が登場する。これら4つを総括して説明すれば、交渉するときは、人ではなくて、問題にフォーカスして論理的に問題解決を試みようということになる。相手を問い詰めたり相手の責任にしたりすると、感情対立になり、衝突が深刻になってしまい、相互が利益を得られるWin－Win交渉とは程遠いものになってしまうからだ。

この原則に立ち返った交渉は、日本においても歴史上、さまざまな人が実践してきた。代表的な例は、小田原城攻めの際に、黒田官兵衛が北条氏を説得する口上だ。

【1590年（天正18年）、小田原城にて】

・人と問題を分離する

（北条）秀吉なぞにこの北条家が屈するものか！

（官兵衛）もはや天下は豊臣家の手中、何が最善かお考えくだされ。

・立場ではなく利害に焦点を合わせる

(北条) 伝統ある北条家と最強の小田原城が負けるはずがない！
(官兵衛) 今降伏されれば本領安堵のうえ、城兵たちの命も助かります。
・複数の選択肢を創り、決定はその後にする
(北条) この小田原城は、武田も上杉も落とせなかった城！ 籠城じゃ！
(官兵衛) 籠城して城兵を餓死させるか、降伏して本領安堵で城兵も助けるか。
・客観的基準を強調する
(北条) まだまだいけるわ！
(官兵衛) こちらの兵は20万、貴方は8万。周囲の支城も落ち、孤立状態です。

このように、体系的かつ戦略的な交渉は、何も最近開発されたものではなく、古来から我々が利害を確定するために自然と使われてきたものなのである。

第2章

交渉を上手に進めるために必要なこと

Ｗｉｎ－Ｗｉｎ、Ｗｉｎ－Ｗｉｎ－Ｌｏｓｅに共通して交渉を上手になるために必要な〝力〟がある。それは「シナリオ」「メンタリティ」「スキル」（ＳＭＳ）の3つだ。

シナリオとは、交渉に取り組む**姿勢**や**考え方**を表し、具体的には、**交渉の筋書きの準備力**を指す。メンタリティとは、いかなる交渉であっても、冷静沈着に状況を見極め、自分自身をコントロールする**精神力**である。最後のスキルは言うまでもないが、交渉を上手に進めるための**技術力**、**テクニック**を指す。

シナリオとスキルは、本書を実践すれば磨かれるが、残念ながらメンタリティは、個々人の性格にもある程度依存するため、その強化には場数による経験と、自己鍛錬の努力を要するものと覚悟しておいてほしい。

1．シナリオ

シナリオに関して、Ｗｉｎ－ＷｉｎとＷｉｎ－Ｗｉｎ－Ｌｏｓｅの違いを比較してみよう。まず、Ｗｉｎ－Ｗｉｎでは**問題を解決しようとする姿勢**が必要であり、**資源を増やす方法**

や、**第三の選択肢はないかと考えること**が必要だ。一方のＷｉｎ－Ｌｏｓｅのシナリオでは、負けない姿勢で臨み、**強い交渉カードを探すことを考え、最悪のシナリオに備えてバックアッププランを用意しておくこと**が重要となる。

ここで我々が注意すべきは、Ｗｉｎ－Ｗｉｎ交渉を目指すべきであり、Ｗｉｎ－Ｌｏｓｅの考え方になってしまわないことだ。人間は、目の前に利益があるとそれに固執して、奪われることをおそれ、頑なになる。そうなればなるほど闘いの姿勢、または守りの姿勢になってしまう。それではＷｉｎ－Ｌｏｓｅの交渉シナリオだ。Ｗｉｎ－Ｗｉｎでは、いかに相手と一緒に問題を解決する姿勢になれるかが大事である。

例えば、自治体の用地買収の担当者であれば、言うことを聞かない市民がいると、つい「これは決まったことですから！」と頭ごなしに言いたくなる。営業担当者であれば、顧客がなかなか決定をしてくれなければ、納期を縮めたり、単に価格を安くすることで安易に決着をつけたくなる。しかし、その考え方では、最低でもどちらか一方が妥協をしなければならず、Ｗｉｎ－Ｗｉｎの交渉にはなり得ない。

無論、実際の交渉場面では、いくらこちらがＷｉｎ－Ｗｉｎシナリオで臨んでも、相手がＷｉｎ－Ｌｏｓｅのシナリオを変えないことがある。しかしそれは、Ｗｉｎ－Ｗｉｎによって自分の利益が増えることを相手が認知していない可能性もある。その場合は、こちらが、Ｗｉｎ－Ｗｉｎの姿勢を示すことで、相手が「自分の利益も増えるかも?!」と認識し、相手をＷｉｎ－Ｗｉｎシナリオへ変化させることが可能な場合も多い。

だが、いくら話し合っても相手がＷｉｎ－Ｌｏｓｅ交渉からシナリオを変えてくれない場合もある。その場合は、致し方なく自分自身もＷｉｎ－Ｌｏｓｅ交渉にシナリオを変えて、相手を納得させる方向へ舵を切らざるを得ないだろう。

まとめると、Ｗｉｎ－Ｗｉｎ、Ｗｉｎ－Ｌｏｓｅに共通して大切なことは、**交渉のシナリオを事前にイメージし、必要な準備をしっかりしておくことだ。**事前の準備が難しければ、話し合いながらそれを構築していく必要がある。

シナリオ作成や準備の具体的な方法については、後の章で詳しく紹介しよう。

2. メンタリティ

Ｗｉｎ－Ｗｉｎに求められるメンタリティ、つまり精神力は「**目的を見失わずにゴールを目指す粘り強さ**」、そしてＷｉｎ－Ｌｏｓｅに求められるメンタリティは「**冷静さとしたたかさ（強かさ）**」だ。

Ｗｉｎ－Ｗｉｎでは、お互いが満足できる、より利益が大きいものを探していく必要がある。

例えば、部品の営業担当者が、顧客の技術者へ部品を提案している時、自分の売上ノルマばかり気にして商談をしていると、知らず知らずのうちに押し売りになり、Ｗｉｎ－Ｌｏｓｅ的交渉になってしまう。本来、営業担当ならば、いかに顧客の技術者が良い製品を作れるかをよく勉強したうえで、粘り強く一緒に考えるべきだ。もちろんできれば自社の部品を設計に盛り込んでくれる前提であるが。

自治体の用地買収交渉担当者では、「やっかいな地権者はさっさと片づけたい」と本来の目的を見失ってしまうと、法律の適用や金銭だけの交渉に終始してしまい、交渉スタンスが自然とＷｉｎ－Ｌｏｓｅ的になる。こうなると、増やして分けるというＷｉｎ－Ｗｉｎ的考え方とは程遠い交渉となってしまう。Ｗｉｎ－Ｗｉｎを目指すならば、地権者に社会や地域に貢献できる満足感や称賛などの心理的報酬も上手に訴え、粘り強く話し合って本来の目的を共有すべきである。

一方、Ｗｉｎ－Ｌｏｓｅのケースであれば、「冷静さとしたたかさ」は欠かせない。Ｗｉｎ－Ｌｏｓｅのケースでは、相手が優位に立とうとさまざまな駆け引きを仕掛けてくる。中でも多いのは「威圧」や「恫喝」だ。特に日本の場合は「お客さまは神様」「公務員は税金で生活している」等という考えが少なからずある。店員が、恫喝する客に土下座を強要させられ、ネットに動画をアップされるなどという犯罪（強要罪）が発生するのは、こういった文化的な背景もあるだろう。米国ならいくら恫喝されても、明らかな脅しであれば、店員が客に深く詫びるなどという行為はあり得ない。必要なら弁護士を立てて裁判だろう。しかし日本は、「物事を穏便に」「お客さまは神様」という過剰な文化的意識があるために、残念ながら恫喝のようなケースが起きてしまう。

そこで、まず肝に銘じるべきはこちらが冷静になることだ。仮に店の立場であれば、こちらも怒りの感情を抑え、紳士的に対応する。そして、冷静さをキープしたら、店のマニュアル（ない場合は早急に作る）に従って対処すべきである。

こちらが冷静に対応したにもかかわらず、お客が激情して業務妨害などを行う場合は、速やかに「退店を申し出る」「警察へ電話する」「弁護士を呼ぶ」などしたたかな措置を講じるべきだ。逆にお客の立場で、店員の態度が明らかに悪い場合は、冷静かつ具体的にクレームを言うべきだろう。または、二度とその店には足を運ばないというのが正解だろう。当たり前だが、怒鳴ったりすることは、自分にとって何のメリットもないのでやめるべきだろう。

ここで紹介した事例は、分かりやすく説明するために少々極端であるが、特に、Ｗｉｎ－Ｌｏｓｅ交渉においては「冷静さとしたたかさ」が大事だということをしっかりと心にとめておいてほしい。そのうえで、商売をしている人であれば、次のような法律があることをあらかじめ知っておけば、精神的にも落ち着いて交渉に臨めるだろう。

・不退去罪（刑法130条）
「どうぞお帰りください」「退店してください」と言っても私有地から出ていかない場合
（3年以下の懲役または10万円以下の罰金）

・脅迫罪（刑法222条）
謝罪をしているにもかかわらず、「なめてんのか！」と大声で恫喝している場合など
（2年以下の懲役または30万円以下の罰金）

・強要罪（刑法223条）
無理やり土下座させたり、自分の肩を揉ませたり、車を洗わせたりする場合など
（3年以下の懲役）

・威力業務妨害罪（刑法234条）

暴力や恫喝、ネットへの根拠のない悪評を書き込み、業務を妨害するなど

（３年以下の懲役または50万円以下の罰金）

・恐喝罪（刑法２４９条）

「許してほしいなら、金銭的に解決するか、店の商品で誠意を見せろ！」と要求した場合など

（10年以下の懲役）

実際にこのようなケースに遭遇し、どのようにこれらの法が適用されるかについては、弁護士等の専門家に早めに相談することをおすすめする。

3．スキル

交渉に対する考え方や姿勢であるシナリオ、交渉時のメンタルコントロールの力をつけたら、次はいよいよ交渉の実践スキルだ。これはまさに交渉力と直結するわけだが、そもそも交渉スキルとは一体どのようなものだろうか。

交渉スキル（技術力、テクニック）を分解すると、物事を構造的に捉え、論理的に解決策を導き出す「論理スキル」と、交渉相手の心を理解する「心理スキル」の2つになる。この2つが向上すれば、交渉スキルは自然に向上すると言っても過言ではない。

まずは論理スキルだが、物事を構造的かつ論理的に捉える力という以上、やはり頭脳がモノを言うことは否めない。まずは交渉のゲーム構造を理解し、事前に情報を収集分析し、作戦を練るためには、論理的に考える力は必要不可欠だ。それは、囲碁や将棋、チェスと似ているかもしれない。ゲームのルールを知り、打ち手のパターンを考える。

プロの棋士は、総計で100手以上のパターンを読むと言われている。将棋でいえば、自分は開始時点で20の駒を持っている。「角」「桂馬」はすぐには動かせないが、それでも、開始時点で自分が打つ手としては18手あるわけだ。そして、相手も同じく18手。対局が進むにつれて変化していき、「自分がこの一手を打ったら、相手は次にこの一手を打ってくるだろう…。その次が…、いや、もし別のこの一手を相手が打ってきたら、その次に自分は…」と考えながら先を読むわけだから、当然プロなら100手、言い方を変えれば100パターン以上を考えていることになる。

これは交渉のプロセスに非常によく似ている。相手と自分の状況を大局的に分析し、「自分の次なる一手はこれ。そうすると、相手はこう出てくるだろう、なぜなら…」と論理的に考えていくわけだ。これは、前述したSMSのシナリオを構築する土台となるスキルにもなる。

論理的に考える習慣は、後から鍛えることはできる。まさに、囲碁を指したり将棋を指したり、経営学や経済学、科学の本を読んだり、仲間と論理的にディスカッションをしたり…。もっと簡単なことは新聞を読んだ時に、「なぜこのようなことが発生するのか？　本当にそうなのか？」など、構造や疑問を考えながら物事を捉えることは論理スキルを磨くことにつながるのだ。これは、頭脳を鍛えるわけだから、若いうちに鍛えたほうがしっかり身につくことは間違いないのだが、年齢を重ねてからでも脳が発達することは脳科学的にも証明されている。

しかし、頭脳だけで交渉が成功するほど甘くはない。論理スキルに加えて、相手の気持ち、つまりは心理状態を理解する「心理スキル」が必要なのだ。相手の心理状態を理解するためには、コミュニケーションのスキルが必要になってくる。その中で最も重要なスキルが「傾聴力」と「質問力」である。いずれも詳しくは後述するが、「傾聴力」は、相手の話している内容、表情、声のトーンなどを聴き分けて、相手の心理状態や、相手が何を言わんとするのかを理解することである。

このコミュニケーションに関して非常に有名な法則がある。〝メラビアンの法則〟だ。これは、人と人とのコミュニケーションは、「言語7％、音声38％、ビジュアル55％」によって情報交換が行われているという法則だ。言語というのは、文字通り言葉の内容で、「お腹が空いた」「これは問題だ」などのように、まさに内容を指す。そして音声は「音声のピッチ、スピード、高低」などだ。最後はビジュアル。我々人間はまさに、相手の表情や姿勢を視覚的に見ながら、相手の気持ちを察しつつ対話をしている。

これら、言語、音声、ビジュアルを上手に活用して傾聴を行えば、相手からさまざまな情報を引き出すことができる。また、先に傾聴をして情報を引き出すことは、相手から隠し玉などを引き出してしまう効果もあり、有効だ。

ちなみに、交渉は数あるビジネススキルの中でも、非常に難しいスキルである。なぜなら、交渉には前述の論理スキルと心理スキルが同時並行的に求められるからだ。しかし、裏を返せば論理的に考える力や、人の心理を察し、適切にコミュニケーションを図る力を磨いていけば、おのずから交渉力は高くなると言える。

次の章では、論理スキルと心理スキルをさらに具体化して、「これだけ磨けば今よりも交渉がうまくなる」という14の交渉スキルについて紹介する。日々、私生活やプライベートで実践し練習をしてみてほしい。

第3章

あらゆる交渉で使える14の交渉スキル

ここから先は、交渉に重要な、より具体的な14のスキルを紹介する。この14のスキルは、すべてを一朝一夕に身につけたり磨いたりすることは難しい。したがって、一つひとつをこれからの皆さんのビジネスライフの中で、また私生活で磨いていってほしい。ここでは、自分の興味があるスキルから読んでいくも良し、苦手なスキルから読んで実践するも良し。1つでも多くを普段から意識し実践していけば、交渉力が向上することはもちろん、仕事の成果が必ず上がるものと確信している。

1. 時間管理のスキル

【内容】

自分と相手のデッドラインを見極めて、時間に縛られず、余裕を持った交渉を目指そう。

時間は人間のチカラではコントロールできないため、しっかりと計画（5W1H）を立案し交渉に臨もう。交渉時間は最後まで有効に使い切ることを忘れずに。

【効能】

時間に余裕を持ち、計画通りの交渉を進めることで、精神的にも余裕を持った交渉ができ、安易な妥協を避けることができる。

時間が迫ってくることで、人は意思決定が大きく揺らぐ場合があるため、時間に迫られた状況では不利な条件で合意せざるを得ない。一方、相手のデッドラインを見極めることは、交渉の主導権を握る際に極めて重要となり、相手が焦っていることが分かると交渉は一気に有利になる。

【解説】

私が体験した「時間管理」に関する例を紹介しよう。

以前、埼玉県に住んでいた時、乗っていた車を買い換えようと、近所にあるカーディーラーに車を見に行った。ディーラーに到着し、駐車して車を出た途端にセールスマンが近づいてきて、「いらっしゃいませ、お買い換えでございますか？」と尋ねてきた。

私は、「なぜ、私が買い換えると思ったのですか？」と聞いたところ、「はい、車でお越しになるお客さまの車検シールの年月を見ているのですよ」と。

つまり、来月車検の車と来年車検の車が来たら、どちらのお客に注力するか？　もちろん、来月車検のお客である。なぜなら、ある調査によると車検のタイミングで車を買い換える人の割合は全体の18・5％である。車検前の車が5台来たら、そのうち1台はすぐにでも買い換える可能性を持っているということになる。そこを狙わないセールスマンはいないだろう。

実際、ディーラーには車を本気で見に来る人だけでなく、単に車好きな人がショールームを見に来たり、試乗しに来たりもするらしい。そんな大勢のお客の中で、車検という時間を明記してくれているシールは、何ともありがたい情報の1つなのだ。

14のスキルのうち、この時間管理のスキルを最初にとり上げたのは、最も大切だからである。

2. ゴール設定のスキル

【内容】

交渉前に、自分が何をゴールにするのかをしっかりセットしてから交渉に臨むこと。

ゴールには大きく2種類ある。

・見えるゴール（金額、機能、仕様、納期などの分かりやすく、確認しやすいもの）

・見えないゴール（満足、安心、和平などの情緒的なものや本質的なもの）

このゴールをセットしないで、行き当たりばったりで交渉をすると、いくら労力をかけても、その交渉を振り返ると、「自分は一体何のために交渉したのだろうか…」と後悔することとすらある。

【効能】

ゴールを設定することで、無意味な衝突を避けることができ、合理的な交渉ができる。

また、後から交渉結果を評価できる。

さらに、最終的に満足いく合意案を導くためには、見えるゴールだけではなく、見えないゴールを互いに模索することも必要になる。

【解説】

私の体験を紹介しよう。まだ交渉術講師として駆け出しの頃、香川県に出張に行った時のことだ。滞在先で半日ばかり余裕ができたので、新しいゴルフセットを買おうと近くのゴルフショップに行くことにした。

実は、そのころからゴルフへ行く機会が多くなり、それまで初心者用の安いクラブを使っていたのだが、それも段々恥ずかしい気持ちになってきていた。何より、もっとうまくなるためには、新しいクラブに買い換えてモチベーションをアップすることが大事だと思ったのだ。それでゴルフクラブの買い換えを考えたというわけだ。

しかし、そこから私は交渉術の講師としてあるまじき行動に出てしまう。事前調査もせずにショップに入り、所狭しと並んでいる一流メーカーのクラブに目を奪われる。すると、1人のベテラン店員が近づいてきて、「お客さん、このクラブ格好いいでしょう！

今一番出ているんですよ」

「確かに格好いいですよね…。でもさすがに結構な値段しますね…（苦笑）」

「ええ、でも値段でしたら…」と、おもむろに店員が電卓を出して計算しはじめる。そして、電卓の計算結果を私に見せて「これくらいは行けますよ！」

「ええ？　そんなに下がるの？　じゃ、ひょっとしたら、ゴルフバックとかボールとかたくさん買ったら割引率ってもっと増えますか？」

「もちろんですよ！」

この瞬間、心の中ではこのクラブを買う気満々になっていることに気づいた。

（自分は何のために今日ゴルフクラブを買いに来たのか？）

そう、ゴルフがうまくなりたいから買いに来たのだ。決して、大きなディスカウント率を求めて来たわけではない（もちろん安いに越したことはないが…）。明らかに自分のゴールを見失っていたのだ。そこで、はっと気づき、「す、すいません、いくつか私に合いそうなメーカーを教えていただけますか。それから、すべて試打して打球チェックしてもいいですか？」

あやうく、何の理解もしないまま、お店の目玉商品を購入してしまいそうな勢いだった。

本来の私のその時のゴールは3つだ。

①自分の体形やスイングに最適なゴルフクラブを選定すること（見えないゴール）

②有名なブランドでモチベーションを上げること（見える&見えないゴール）

③概ね予算内で納めること（見えるゴール）

最も大事な①の目的を忘れてはいけなかったのだ。

3．情報管理のスキル

【内容】

情報は、特にWin-Loseにおいては、交渉の行方を大きく左右するほどの力を持っており、時にそれによって致命的に不利になることがある。つまり、交渉は、質が高い情報を数多く保有しているほうが圧倒的に有利な立場になるわけだ。

また、自分に不利になる情報の安易な開示には慎重になるべきだろう。とりわけ「自分は時間がなくて急いでいる」という情報や、「自分はほかに選択肢がない」という情報だ。これらの情報が相手に漏れると、仮にＷｉｎ‐Ｗｉｎ交渉であっても、いざというときには、相手が足元を見てくる可能性がある。

ただし、Ｗｉｎ‐Ｗｉｎ交渉において情報管理はある程度注意するものの、信頼関係構築のためにも、一定の情報は開示していく必要がある。なお、情報開示の順序としては、**３Ｊ（条件→事情→時間）の順番**に、相手に公開することを１つのセオリーとして覚えておいてほしい。

ただし、あくまでもセオリーのため、ケースバイケースでの対応も必要だ。

【効能】

シナリオ構築（戦略・戦術）の資源となる。

Ｗｉｎ‐Ｗｉｎ：問題解決や第三の選択肢を考える際の資源となる

Ｗｉｎ‐Ｌｏｓｅ：交渉を優位に進める、Ｗｉｎ‐Ｗｉｎへ近づけるための資源となる

【解説】

情報がなければ交渉自体を進められない。また、その情報の質によって交渉の進め方もまったく異なる。

以前、ドイツのメルケル首相の携帯電話が、米国の情報機関に盗聴されているのではないかとの疑惑が報道され、その後、日本政府も盗聴されているのではないかとの疑惑が浮上した。私見ではあるが、おそらく盗聴されていたのだと私は推測する。また、ほかの国々においても、他国を盗聴する、特に敵対国の情報を盗聴やスパイ活動によって入手し、分析するという行為は日々行われていることだろう。ここから導かれることは、それだけ情報は国益に大きく影響するということだ。

日本でも戦国時代、豊臣秀吉の軍師・黒田官兵衛は、情報戦略の達人だったと言われている。

黒田官兵衛は戦で負けたことがないというのは有名な話だ。また、「戦わずして勝つ」というのが彼の流儀だ。では、なぜ戦わないのに勝てたのか？　それは知略がなせる業であるが、知略の元になるものが情報だ。

第一の理由として、官兵衛は情報収集と分析を行ったうえで、勝てない相手とは極力戦わない。特に、織田、毛利、宇喜多のような強豪との戦いは、できるだけ避けた。

第二に、勝てる相手につく。小寺家の家臣であった若かりし頃、小寺家内において、織田の味方につくか、毛利につくか意見が分かれた。多くの者が、織田のような新参者につくことはない、伝統ある毛利につくべきだと考えていた。しかし、官兵衛は情報収集によって、織田の実力と将来を見据えていたため、織田につくべきと考えた。そして、結果、小寺家は織田につくことになる。振り返れば、この時の官兵衛の判断が、豊臣秀吉を天下人へ押し上げる要因となっていく。

第三の理由として、官兵衛は分析した情報を元に、豊臣秀吉の敵となり得る武将に対して課略（交渉）を行う。つまり、「あなたも秀吉さんの部下になりませんか？」と持ちかけるわけだ。これで相手が「はい」と言えば、部下となり仲間となるわけで、一気に自陣のエリアが増えるわけだ。

一方で、相手が「秀吉の部下なんかになるものか！　一戦交えるまでよ！」となれば、課略は失敗かというとそうでもない。官兵衛が敵の城に入り、課略を行う際は基本的には家臣を警護と称して数名連れて行く。そして、協議をして帰ってくるまでの間に情報を集めさせる。「敵の城までの道のり」「地形」「城の出入り口」「兵糧倉庫の大きさ」「兵士のおおよその数」「武将同士の人間関係や力関係」など、さまざまな情報を集めて帰ってきた官兵衛と敵では、この時点で圧倒的な情報の非対称性が発生する。

情報の非対称性とは、簡単に言えば片方が情報をたくさん持っていて、対する相手はあまり情報を持っていない状態を指す。例外はあるが、原則的には情報を持っているほうが有利になる。この状態になれば、後は知略をもって、勝てる戦略立案をすればいい。

例えば、官兵衛が城に出向いたが諜略に失敗して、ある武将と敵対関係になったとする。その城の推定兵糧残が1年程度と試算すれば、1年前からその城の周辺の農民から米を高い値段で買い取るという戦術をとる。そうすれば、米は官兵衛側にどんどん流れ、敵が気づいたときには周囲の農家に米はなく、そこから官兵衛は一気に城を取り囲み、兵糧攻めに入るわけだ。このように、特にWin-Loseにおいては、情報が勝敗を分けると言っても過言ではない。

4．信頼関係構築のスキル

【内容】

Win-Winにおいて、情報交換をスムーズに行うことは必要不可欠である。しかし、そのためには信頼関係の構築が必要不可欠だ。またWin-Loseにおいては、相手から情報をさりげなく引き出すことは交渉の明暗を分けることになる。いずれにしても、情報を交換または入手するには、いかに信頼関係を構築できるかがカギとなる。さらに、その信頼関係の構築がある程度短時間でできれば交渉も早く進む。

【効能】

信頼関係が構築されていれば、協調姿勢が高まり、円滑な情報交換が可能となる。逆に信頼関係が構築されていなければ、疑心暗鬼となり、駆け引きや対立で交渉が終始してしまう可能性がある。

【解説】

信頼関係と一口に言ってもその定義は難しいが、交渉では「この人のためなら、多少のリスクは背負っても良い」と顕在的、潜在的に意識した段階が、信頼関係の第一の定義ではないかと考える。では、そうなるためには、具体的にどのような手法があるのだろうか。

いくつか紹介しよう。なお、この後に書かれているスキルは、一見、新人や若手が行うべきものと思われがちだが、ベテランであってもできていないことがある。普段できていると思っている人も今一度点検をされたい。

①相手との共通点を探す

共通の話題や持ち物など、特に日本人はこの「共通」に敏感だ。共通と言ってもいろいろあるので、ここでは、昔からよく使われる共通話題の定番を紹介しよう。

「き・ど・に・た・ち・か・け・し・い・しょく・じゅう」だ。

木（き）気候に関する話題

戸（ど）道楽に関する話題
に（に）ニュースに関する話題
立（た）旅に関する話題
ち（ち）知人に関する話題
か（か）家族に関する話題
け（け）健康に関する話題
し（し）仕事に関する話題
衣（い）衣装に関する話題
食（しょく）食べることに関する話題
住（じゅう）住居に関する話題

②笑顔

自然な笑顔。米国人は笑顔や握手を自然に表現するが、それは「私はあなたの敵ではありませんよ」という暗黙のメッセージと言われている。ただし、作り笑顔は逆効果である。

③メモを取る姿勢

自分の話した内容を相手が誠実にメモを取っている姿勢を見ると、誰でも嬉しいものだ。会社で偉くなるとメモを取らず、部下にメモを取らせる人が多い。しかし、私から言わせると非常にもったいないし、危険である。

偉い人にメモを取ってもらえることは、相手にしてみれば嬉しいし、誠実な印象を受ける。リーダーでも若手でも、メモを取るというシンプルな動作は信頼を生む。また、相手の発言の備忘録としても役立つだろう。

④マナー・身だしなみ

基本の基本であるし、そんなことは新入社員の話だろう、と思われるかもしれない。しかし実態は、多くの企業では若い人は挨拶するが、ベテランほど挨拶を疎かにする傾向が強い。若手に「おはようございます！」と言われたのに、「うーっす」と蚊が鳴くような声で応答するベテラン。威厳を見せつけているのか、恥ずかしいだけなのか。ベテランほど「おお！　おはよう！」と返すべきだ。ベテランほど、今一度点検してほしい。

⑤約束・秘密を守る

これも基本ではあるが、交渉において相手の信頼を得ようと他社の秘密情報などを流してしまえば、「この人は我が社の情報も他社に流しかねない」と警戒されるので、決してやってはいけない。

⑥迅速な行動や反応

私は仕事柄、多くの経営者と会話をする機会があり、「どんな営業を信頼しますか?」とよく質問する。「とにかく反応が早い人。迅速な人」という答えが返ってくることが多い。

これは営業に限った話ではなく、お願いごとをされて引き受けたら、迅速に反応することが肝要だ。反応速度と、その人への信頼度は比例すると考えるべきだ。

⑦専門知識

やはり、ビジネスであれば、その世界のプロとして相手よりも専門知識は持っておきたい。これは信頼を得るというのはもちろんだが、情報の非対称性を作るうえでも必要なことだ。相手のほうに専門知識がある場合は、交渉がうまく進まないことがある。

⑧自己開示（身の上話、失敗談、苦手なことなど）

いずれも相手の共感を誘う内容が良い。スパイがキーマンに接触し、信頼関係を構築する際にもよく使われる手法だ。例えば、「私、ほかの人からは部下指導に関しては自信を持ってやっているように見えるようなのですが、本当は部下指導には苦慮していて、心の中ではいつも不安でいっぱいなのです」などだ。

逆に、「私も部下指導は、散々経験してきましたがね、だいだい部下っていうのは…」などと言うと、結果として自慢や威嚇とみなされ、人間的な信頼を低減させることにつながりかねない。

⑨互恵性の法則

別名、返報性の法則とも言われる。相手に何かを与えてもらったら、何かを返そうとする人間の心理を使ったものだ。これをある程度相互に繰り返すと、信頼関係が強くなるというものだ。

私が以前、シカゴの街を歩いていた時のこと。信号待ちをしている車に向かって、子どもたちが駆け寄っていく。そして頼まれてもいないのに、窓を拭きはじめる。拭き終る前に、運転手に向かって笑顔で「チップちょうだい」のジェスチャーをする。するとチップを渡す運転手が一定の割合でいる。互恵だけではなく同情もあると思うが、その子どもたちが何もせずにチップだけを求めたとしたら、もらえる確率は下がるだろう。

ちなみに、相手から情報をもらいたい場合は、こちらから先に少し情報を与えることで、相手からの情報が出やすくなるという互恵性の法則も覚えておこう。例えば、相手の上司の性格を知りたいなら、単に「○○さんの上司は、どんなタイプの方なのでしょうか」と聞くと、相手も無意識に警戒してしまう。そこで「うちの上司は結構頑固で、説得するのが大変なんですよね。古いっていうか…。○○さんの上司はどんなタイプの方ですか？」と、自分の情報や考えを先に出すことによって、相手も自分の情報を出しやすくなるわけだ。

⑩面会数を増やす（ザイアンスの法則）

これは、電話やメールよりも、実際にface to faceで顔を突き合わせるほど、相手への信頼が増すという法則だ。1968年、アメリカの社会心理学者ロバート・ザイアンス博士が実験で提唱したもので、単純接触効果とも言う。要点をまとめると次の通りだ。

1. 人は、知らない人には攻撃的、冷淡な対応をする
2. 人は、会えば会うほど好意を持つようになる
3. 人は、相手の人間的な側面を知った時、より強く相手に好意を持つようになる

つまり、繰り返し対話をすると、好感度や印象が高まるという効果だ。昔から、営業担当者が、上司から「お客さまに会って来い！」と指導されるのも、この効果を知って

いるからだろう。ただし、当然ながら相性もあるので、会って相手を知れば、逆に嫌いになってしまうこともあるだろう。

そういった相性的要素を除いて考えれば、やはり会うほどお互いに信頼が深まることを我々は体験で知っている。逆に言えば、会う回数が少ないと信頼が低減し、不信感を持つということもあると考えられる。遠距離恋愛は典型的な例だろう。

また昔は、地方の武将が大殿に会うために、わざわざ上京し、「ご機嫌伺い」に訪問したそうだ。ご機嫌伺いと言うと、今は「ごますり」のようなイメージがあるが、本来は「人の安否や近況を尋ねること」を意味する良い言葉だ。このご機嫌伺いをしないと「あいつは、地方でわしの天下を横取りしようと企んでいるに違いない」と誤解され、処罰されたこともあったようだ。

あなたには最近、ご機嫌伺いができてない大切なキーマンなどはいないだろうか。

⑪傾聴（相手の話をしっかり聴く）

これは、営業、コミュニケーション、コーチング、マネジメントなどで必ずと言っていいほど出てくるスキルだ。

傾聴には大きく2つの目的に沿ったスキルがある。第一の目的とスキルが、「信頼関係を構築するための共感スキル」である。第二の目的とスキルが、「問題解決に導くための解決スキル」だ。

前者の共感スキルだが、これは主にビジュアルやサウンドのテクニックである。「アイコンタクト」「相手と90度で座る」「うなずき」「オウム返し（相手の話す言葉を繰り返す）」といった技術だ。これらは相手に顕在的、潜在的に「おっ、この人は自分の話をちゃんと聞いてくれている」という印象を与え、相手の発言量を増加させるという効果がある。

第一に優しくアイコンタクトすることで、相手は安心し、あなたを信頼する。ぜひ交渉相手を自分の親友や子どもだと思って優しい表情で相手の目を見てほしい。そうするとあなたの表情は、少し目じりが下がり、口角が少しソフトに上がるはずだ。その表情に安心した交渉相手は、無意識にあなたへの信頼度を高めるという効果が期待できる。

第二に「相手と90度で座る」だ。相手と対面で話すと緊張感が高まる。緊張感が高いうちは、信頼関係の形成が難しい。これは実際に、同僚や友人と試してみてほしい。最初は、お互いが、膝と膝の間を20センチにして向かい合って座り、目を見つめ合う。そうすると、相手から何とも言えない威圧感を感じる。そしてそれが緊張感となる（ただし、親密な異性、夫婦や恋人関係などの場合、その効果は体験できないことが多い）。その後、カタカナの「ハ」の字のように、90度に近い形に座るよう、角度を変えてほしい。そうすると、さきほどの緊張感が一気に低減し、何とも言えない感覚を味わえる。

つまり、机を挟んで向かい合って座ると、緊張感が高まってしまうので、信頼関係を築きながら交渉の対話を行うためには、できれば90度を作って、座ったり立ったりして話すと、緊張感が低減して望ましい。ただし、立つ場合は、横に並ぶようにすると、リラックス効果が高くなる。また、商談などの場合で、どうしても対面でしか座れない場合は、距離が近すぎても遠すぎてもダメで、できればお互いが手を伸ばせば握手ができる距離に座ると、理想的である。

実は役員会議室のように、対面の距離が遠過ぎると、信頼関係の構築はなかなか難しく、本音が話しづらい雰囲気になる。

第三の「うなずき」について、ある調査によると、対話のときに「うなずく」ことで相手の発言量が1・5倍に増えると言われている。これは、研修講師を行っている人ならほぼ全員体験したことがあるはずだ。同じ研修であっても、当日の受講者たちに、私の話をうなずきながら聴く人が多いと、つい余計なことを話してしまって時間が延びてしまう。一方、うなずきが少ない受講者の日は、むしろ言葉が自然に出てこない。

最後の「オウム返し」は、相手が話した後に言葉を繰り返すというアクションだ。実はこれを自然にやっている人は少なくない。友達やお客と話をする際に、「実は先日、北海道に家族でドライブに行きまして…」「へ～、北海道にドライブですかぁ～。いいですね～」。これがオウム返しだ。おそらく、自然にやっていることがあるのではないだろうか。これは、話す相手からすると「おっ、聴いてくれている！　解ってくれている！」という安心感を与える効果がある。そうすると、話が乗ってくるわけだ。

以上が、主に信頼を構築して相手の話を引き出す、ビジュアル&サウンドを中心とした、傾聴の共感スキルだ。この共感スキルを使って、長年活躍している吉本興業の大物お笑いタレントをご存じだろうか？

それは「明石家さんま」さんだ。テレビ番組などでは、「さんまはよくしゃべる」などと言われることが多いようだが、実際には、さんまさんは「傾聴の達人」なのだ。彼のある番組を分析してみたが、自分の話をするよりも、ゲストの話に反応したり質問したりする時間が圧倒的に多いことが分かった。確かに、ほとんどの番組が、さんまさんがMCとなり、芸能人や素人のゲストと対話する形式ばかりだ。

実際に読者の方々にイメージを持ってもらうために、さんまさんとアイドルとの対話シーン（仮想）を紹介する。

「ほいで、お前はどんな男がタイプなんや？」
「私ですか？　頭が良くて～」
「ほ～、頭が良くて！」

「イケメンで～」

「ほ～、イケメンで、ほいで？」

「面白い人がタイプです」

「はぁ～、なるほど、頭が良くて、イケメンで、面白い人やなぁ～。って、それ、うわさになった吉本のあの芸人のことやろ！」

「そうなんです～。さんまさん聴いてください。実はあの人に騙されたんです～。以前…」


というようなやりとりが頻繁に行われる。このさんまさんのオウム返しは、ほぼ完璧といって良いだろう。このさんまさんの傾聴力によって、ゲストの本心がどんどん引き出される。それを視聴者には面白く、さらにさんまさんがそれをいじるというやりとりで、番組が盛り上がるしくみだ。

傾聴というのは、決して誰かが作り上げた技術ではなく、さんまさんのようなコミュニケーション技術が高い人の特性を研究した結果を整理したものだ。

我々人間は、人の話を聴くことが大事だと分かっていても、特に交渉の場では相手が自分の意図と違うと感じると、多かれ少なかれ相手を説得したいと思ってしまう。そうなると、相手の言葉をさえぎったり、相手の話を聴かないという態度を示したりすることがある。またその気持ちが表情や語気に出たりする。そうなってしまうと相手との信頼関係はなかなか構築できず、交渉もうまくいかなくなるものだ。傾聴をしながら共感することはとても重要である。

参考までに、米国で開発されたFENという傾聴のコツを紹介しよう。

・Fact（事実情報は何かを聴き取る）
・Emotion（相手の感情がどのような状態かを聴き取り共感する）
・Needs（相手は結局何をしたいのかというニーズを聴き取る）

相手の話を聴く際には、FENを意識し集中して聴くことで、この交渉で、今何が起きているのか、またこの後の交渉をどのように進めるべきか、という情報を収集することが期待できる。

⑫承認（相手を認める、褒める）

人は相手から認められると相手を信頼する。これは、従来我々は感覚的なものとして理解しているが、近年では生理学的にもその効果が立証されてきている。

人は、認められると脳内で、オキシトシンというホルモンが分泌される、オキシトシンは別名「幸せホルモン」とも言われ、良好な対人関係が築かれているときに分泌され、闘争欲や遁走欲《とんそうよく》（逃げたいという気持ち）、恐怖心を減少させる。オキシトシンを人に投与する実験が行われたが、鼻からの吸引によるこの実験では、金銭取引において相手への信頼が増すことが判明した。損害を被ってもオキシトシンが再投与されれば再び相手を信頼し、不利な取引契約を締結してしまうと言われている。つまり、認められることによって、その人への信頼が増すということだ。

しかし、いったい「認められる」とはどういうことだろうか。よく言われるのが、「褒められた時に認められたと感じる」ということだ。確かに、「褒める」は「認める」の一部である。しかし一部でしかない。

次頁の図2を見てほしい。ほかにも認める行為はたくさんある。傾聴も「あなたの話

〈図2〉

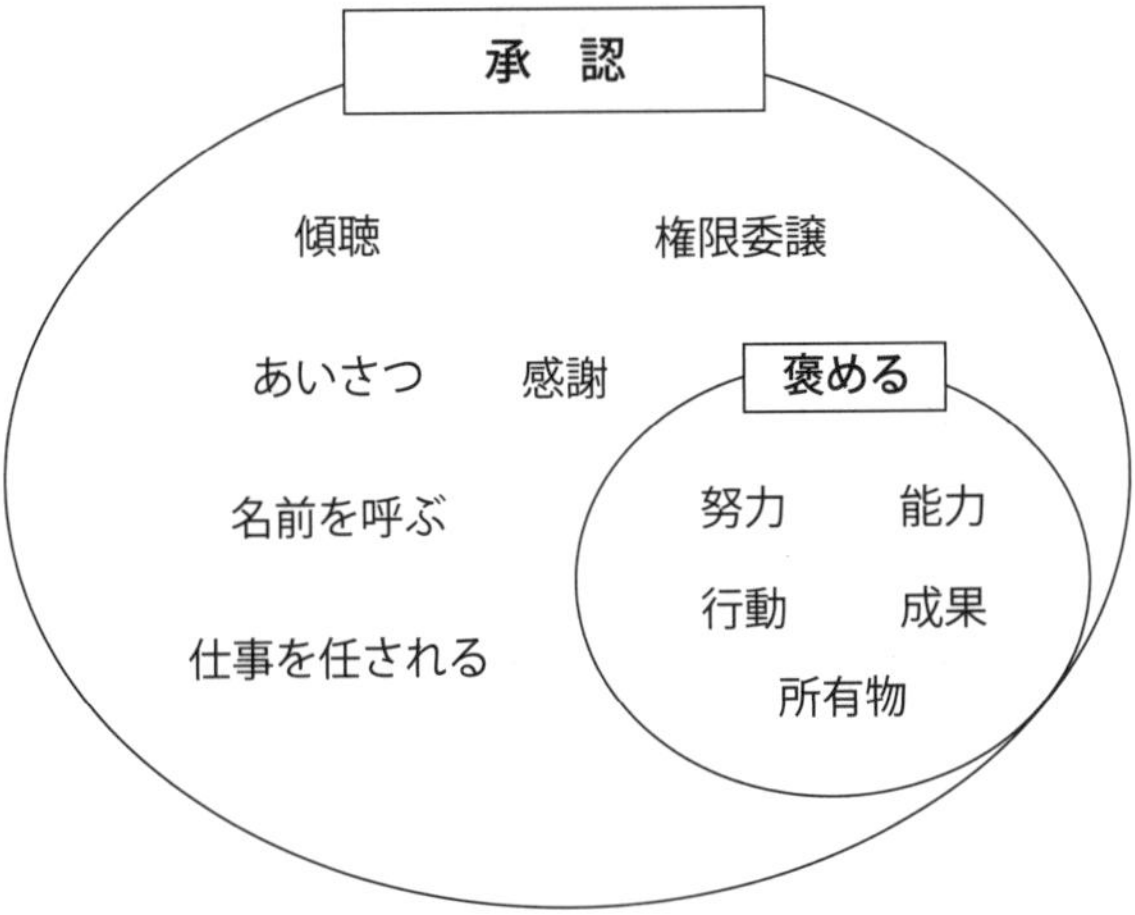

をしっかり聴いていますよ」という相手を認める行為になる。また、「あいさつ」も大切で、「あいさつ」により、「あなたはそこにいますね」という相手の承認欲求を満たすことになり、それが承認につながる。

　さらに、相手の名前を呼ぶという行為は、初対面で緊張感を一気に低減することに役立つ。日本人は、初対面では相手の名前を呼ぶことが少ない。確かに日本語の場合、主語をつけなくても会話は成立するのだが、「年末年始はどちらかへ行かれましたか?」と聞かれるよりも、「葛西さんは、年末年始どちらかへ行かれましたか?」と聞かれるほうが、明らかに親近感が増す。名前を呼ぶということは、相手の承認欲求を満たし、信頼関係構築の第一歩になるのだ。

5. 質問のスキル

【内容】

質問によって、相手が交渉する背景や理由を聴き出そう。ただし、傾聴と承認で信頼関係を構築しておかなければ、質問をしても相手は正直に答えてはくれない。クローズド質問、オープン質問、チャンクダウン、仮定質問などが代表的な質問である。

【効能】

上手に質問をすることで、相手の本当のねらい、交渉の背景、〝見えるゴール〟、〝見えないゴール〟を理解し、合意形成や問題解決に近づける。また、質問には、相手を考えさせる効果があり、それによって、相手が新たな選択肢に気づくこともあるだろう。

【解説】

交渉において、質問はキースキルだ。ネット検索をするとさまざまな質問スキルの本が出版されている。「人を動かす質問力」「するどい質問力」など、和書だけで1万冊以上は存在すると思われる。実はそれだけ「質問」は奥が深いのだ。

質問の基礎として必ず出てくるのが、「クローズド質問」と「オープン質問」だ。クローズド質問は別名「限定質問」とも言われ、相手から返ってくる答えが限定されるものだ。具体的には「ＹｅｓかＮｏ」で答えられる質問や、Ｗｈｅｎ（いつ）、Ｗｈｅｒｅ（どこで）などピンポイントで回答を引き出すものだ。

一方のオープン質問は「拡大質問」とも言われ、さまざまな回答が返ってくる質問だ。具体的には、Ｗｈａｔ（何、どんな）、Ｗｈｙ（なぜ）、Ｈｏｗ（どのように、どのくらい）で回答を引き出す質問だ。

このクローズド質問とオープン質問はさまざまなコミュニケーションの本の中に出てくるが、どれも本当の違いにほとんど言及していない。

結論から言うと、このクローズドとオープンを使い分けながら対話をするのが理想なのだが、実際はそうはいかない。私たちの生活の90％以上はクローズド質問を使っているからだ。

「明日、仕事？」「ご飯、食べた？」「映画、面白かった？」「今日、残業できる？」「あの企画書、今週中に仕上がる？」など、頭に思い浮かんだことを確認する質問が圧倒的に多い。もちろん、オープン質問を使うこともある。深堀りして情報や相手の気持ちを聴きたいと思ったときに、「体調どう？」「今日の会議、どうだった？」「どんなスイーツが好き？」というオープン質問が出てくるのだ。

そして、コミュニケーションや交渉の達人になると、意識か無意識かは別として、この2種類の質問を自然に使い分けている。なぜ使い分ける必要があるのか？

次頁の表4を見てほしい。クローズド質問とオープン質問には、大きな特徴の差がある。もし、これらの質問のどちらか一方だけを使って質問したらどうなるか。クローズド質問だけなら、威圧的・誘導的になる可能性があり、上から目線の交渉になる場合がある。一方、オープン質問だけでは、必要以上に時間がかかり、相手も答えに戸惑う。

〈表４〉

クローズド質問	オープン質問
質問を考えるのは容易	質問を考えるには技術が必要
一方通行的	双方向的
問題を切り分けるため	プロセスを明らかにするため
やりとりがスピーディー	やりとりに時間を要する
言い方次第で指示的になる	言い方次第で詰問になる
相手をコントロールする	相手の自主性が尊重される
必要な情報だけ導き出せる	多種多様な情報を引き出せる
事象を確認する	本質を見極める

そもそも対話が成り立たないだろう。やはり理想は２種類の質問を状況に応じて、しっかりと使い分けることが大切なのだ。

この２種類の質問を使い分けるための練習方法を、２つ紹介したい。

１つは、「１日１回オープン質問」を意識することだ。例えば、友達に「好きな食べ物は何？」と聞いて、「チキンカレー」という答えが返ってきたとする。普通なら「チキンカレーうまいよね」「あー俺も好き」「ビーフカレーのほうがうまいでしょ」と返してしまいがちだ。そんな時に一拍おいて、「なんでビーフカレーじゃなくて、チキンカレーが好きなの？」「今まで食べた中で一番おいしかったのは、どんなチキンカレーだった?」という質問を仕掛けてみよう。この日常のちょっとした練習を積み重ねると、クローズド質問とオープン質問による相手の反応の違いを体感できるはずだ。

2つ目の練習方法は、テレビのスポーツ中継のインタビューを見て、その質問がクローズド質問なのかオープン質問なのかを聞き分けることだ。

以前、サッカー日本代表の試合が終わった後に、ある放送局のリポーターが本田圭佑選手に次のような質問をした。①〜④の質問はクローズド質問、オープン質問のどちらだろうか。

①「どのような想いで、ピッチに立ちましたか?」
②「非常に惜しいフリーキックもありました。ご自分のプレーを振り返っていかがですか?」
③「意気込みをお願いします」
④「これから、新しい本田選手、私たちは見ていくことができるのでしょうか?」

4つともに非常に素晴らしい質問で、短い時間で本田選手の気持ちや、次の試合への気持ちを引き出すものだった。オープン質問が①②③で、クローズド質問が④だ。③はクローズド質問のようにも思えるが、「意気込みをお願いします」と言われて、「いやです」と答える選手はいない。これは「あなたの意気込みは何ですか？」「あなたの意気込みを聞かせてください」と同じ機能を果たすので、オープン質問となる。

そして、④の質問は絶妙だ。この日は勝利した試合で、しかも本田選手の背番号が「4」になった最初の試合だった。①〜③のオープン質問で、本田選手から勝利した試合の感想をたくさん引き出した後、「やってくれますね？」というコミットメント、つまり決意を引き出すクローズド質問で締めている。

交渉の状況と相手の心理にうまく適応したクローズド質問、オープン質問を組み合わせながら使えるようになれば一流だ。例えそこまでいかなくとも、私が紹介した2つの練習方法を半年間きちんと意識していけば、基礎的な使い分けは十分にできるようになる。

クローズド質問、オープン質問が使えるようになったら、次は応用編だ。重要な2つの質問スキルを身につけよう。「チャンクダウン」と「仮定質問」だ。

チャンクダウンは「塊を砕く」という意味で、つい、スルーしてしまいがちな相手の発言をキャッチして、その部分にスポットライトを当てる質問だ。例えば、

「もう少し具体的に教えていただけますか？」

「もう少し詳しく言うと、どうなりますか？」

「～については、どのようにお考えですか？」

気になった発言を詳しく聞いてみると、意外な意味を持っている場合がある。例えば、前述した姉妹のオレンジ争奪戦ならば、「オレンジを使いたいということだけど、あなたはオレンジを何に使いたいの？」という質問だ。実際のビジネスでは、例えばお客さまが洋服を選んでいる時に、「うーん、ちょっとイメージと違うかな」と言った時、「イメージと違いましたか。具体的にどのあたりがイメージと違うとお感じになられましたか？」などの質問がチャンクダウンだ。

そして、もう1つが仮定質問である。「もし（仮に）～だとしたら、どうしますか？」

という質問である。これは、互いに良い案が出ずに、硬直してしまった場合などに、「では、この契約書の第9条の2項の条件を緩和できた場合には、契約締結の可能性は高まりますか？」「もし、この課題がクリアされれば、ご決定いただけますか？」という具合に相手に訊ねてみる。この質問によって、潜在意識の中で障害となっている要素を明確化し、その障壁をクリアするアイディアを考えていくのだ。

6. 相手の真意見極めのスキル

交渉において、相手の真意を見極めることは、その問題を解決するために、また合意形成にたどり着くために大きな手助けとなる。しかし、交渉内容によっては、相手の真意がどうしても分からない時がある。たとえば、相手が交渉上、機密上、意図的に隠している場合や、面子の問題で話せない時などだ。

そのような中で相手の真意を見抜く正攻法は、**傾聴、承認、質問の技術を駆使して、対話を積み重ね、相手の反応を見ながら真意を読み取っていく手法だ。**特に相手が一般消費者であるＢtoＣの場合は、個人に決定権があるので、相手がデザイン、価格、他商品との比較など、何に力点を置いているのかは、その人との対話から読み取るしかない。ＢtoＢのビジネスならば、追加アクションとして、さまざまな関係者から情報を集めて裏を取るという行動も重要だろう。ただし、オープン質問は、ある程度信頼関係が築けていれば情報をもらえるが、そうでない場合はいくら質問をしても重要なことは答えてくれない。したがって、会話の中から推測して、**核心を突くクローズド質問で相手の反応を読み取る**ことがポイントとなる。

例えばＢtoＣであれば、「奥さまがＯＫを出されれば、ご決定になりますかね？」、ＢtoＢであれば、相手の購買担当者に、「最も重視されるのはＡの機能があるかどうかでしょうか？」のような質問だ。

この質問に対して、相手がこちらの目を見ながら、「いや、そういうわけではないんですけど…」「いや、実はそうなんですよ」と言ってきたら、真実の可能性は高い。同じ答えでも、その時点で目を見ない場合は、ほかの口実を考えている可能性があり、真実でない可能性がある。

しかし、実際には1つの質問で真実を見抜くことは難しいので、しっかり信頼関係を築き、真実を語ってもらうことが一番の近道だろう。できることなら、ある程度信頼関係を築いたら、一緒に食事をしたり、お酒を飲んだりする機会を持つのがよい。相手が真意を打ち明けてくれることが多いからだ。特に建設・不動産系、素材エネルギー業界、商社系は、経費の社内制限こそあれ、今なお他の業界に比べて接待交際の機会は多い。

ちなみに、中国や韓国とビジネスを行う場合は、酒の場こそ本当の商談の場と考えるくらいでいいかもしれない。体力は使うと思うが、許される範囲の接待攻勢は、信頼関係構築の場として引き続き活用していくべきだと思う。

一方、最近では接待交際が業界によっては自主規制によって禁止されているケースも多く、難しい面もある。具体的には金融系や医療業界は自主規制などによって、接待交際はかなり制限されている。無論、地方自治体などの公務員に関して接待交際はご法度だ。ちなみに、民間企業に関しては地域的な差もあり、大都市では規制が厳しい傾向にあるが、地方へ行くほどお酒の付き合い、ゴルフの付き合いは今も当たり前のように行われている。いずれにしても規制が厳しい業界に関しては、前述の対話や多方面の情報収集と分析から、相手の真意を読み取る技術を磨いていくべきだろう。

7．価値交換のスキル

【内容】

多くの取引では、例えば見える項目である「価格」などを中心に交渉がやりとりされるが、実際には、価格以外に多くの価値が存在する。それらの重要な価値を事前に調査し、交換できるカードとして準備しておくことが大切になる。

【効能】

事前に価値交換の準備をし、上手に価値交換できれば、Ｗｉｎ－Ｌｏｓｅで本来衝突し合う交渉も、ある程度の満足を得て、互いの妥協点を見出すことができ、合意形成が近づく。

【解説】

このスキルは、交渉経験の多いビジネスパーソンなら、１度や２度は使っているスキルだろう。

例えば、「価格を安くするなら発注量を増やしてほしい」「納期を前倒ししろというなら、次回の発注金額は高くなります」などだ。これはB to Bの例だが、B to Cの場合は、商品によってさまざまなケースがあるので一概には言えないが、車の購入などで「値引きはできませんが、代わりにオプションのフロアマットをつけますよ」と言うのは、まさに価値交換であろう。

また、一般家庭の例で言えば、奥さんが「私にバック買って」と言われれば、夫が「いいよ、その代り、今度ゴルフ行かせてよ」とか、子どもが母親に「お小遣い上げて！」と言ったら、「次のテストで80点以上取ったら、少し上げてあげるわ」などだ。

このように、代替案または交換カードを提示するというスキルだ。前述した姉妹のオレンジ争奪のケースで言えば、「代替物（お菓子など）を探して妹に提示し譲歩を迫る」「姉が皮をキレイにむいてあげるから仲良く半分ずつ」などが、まさに価値交換と言われるスキルだ。このスキルは英語では〝Bargaining Mix〟と言われ、日本語では「駆け引きしながらの折衝」と解釈すればよい。まさに多くの人がイメージする交渉ではないだろうか。

この価値交換のスキルは、駆け引きし、どちらかが勝つというＷｉｎ－Ｌｏｓｅ交渉において、互いの満足度を高め、妥協点を見出し、少しでもＷｉｎ－Ｗｉｎへ近づけることに貢献する。

この価値交換に関しては、日本の歴史上にも有名な交渉がある。１８６８年、新政府軍の西郷隆盛と旧政府軍の勝海舟が交渉した時に、西郷が勝に提示した「江戸城攻撃を中止するための条件」だ。新政府軍（西郷隆盛）は交渉において、次の条件を提示したとされている。

・徳川慶喜の身柄を引き渡すこと
・軍艦や兵器をすぐに引き渡すこと
・関係者を厳重に処罰すること

・江戸城を明け渡すこと

これを受け、勝海舟は「戦争を避けたほうが、新政府軍側の被害がなくなる」「日本の将来を考えれば、こんなことで私たちが争っている場合ではない」「新政府軍がやろうとしていることは正義ではない」と考え、次の条件を受け入れるように、と価値交換を提案した。

・徳川慶喜の身柄は、新政府には差し出さずに、慶喜は地元の水戸で謹慎とする
・軍艦や兵器は引き渡すが、猶予期間を設けてほしい
・関係者の処罰は、軽いものにしてほしい

↓これらの条件を認めたら、江戸城を明け渡してもよい

まさに、江戸幕府の運命を左右する交渉で、勝海舟が苦肉の策として提示した価値交換の交渉エピソードである。

8. キーマン特定のスキル

【内容】

意思決定者は誰なのか。また、意思決定者に影響を及ぼす人物は誰なのかを見極めよう。必ずしも意思決定者がキーマンとは限らず、影響者が実質的な決定者になる場合もあるので、「意思決定者と影響者の関係性」を知ることが重要だ。

【効能】

キーマンに直接働きかけることで、意思決定者の考え方や価値観と対峙することができるため、相手の真意を理解しやすくなる。また、互いの意思決定も速くなり、合理的な交渉が実現できる。さらには、個人的な信頼関係も構築する良い機会となるだろう。

【解説】

相手が複数人いる際に、キーマンを特定するスキルはビジネスでは欠かせない。特に

BtoBでは重要である。見極めのポイントは3つのPで、Ｐｏｓｉｔｉｏｎ（役職・公式権限）、Ｐｏｗｅｒ（非公式権限）、Ｐａｓｓｉｏｎ（熱意）となる。

Ｐｏｓｉｔｉｏｎ（役職・公式権限）は、当然ながら一般的には、役職は高いほうが影響力があり、権限も強い。公式に権限、決裁権を持っているのも、役職が高い人物だろう。

Ｐｏｗｅｒ（非公式権限）は、上司が本人に権限移譲をしていたり、その部下を厚く信頼し、部下に任せている場合などは、役職が高くなくともキーマンに成り得る。つまり、実権をもつ人物だ。

Ｐａｓｓｉｏｎ（熱意）は、とにかく行動力と熱意で社内のさまざまな人間を巻き込み、リーダーシップを発揮して、成果を出すような行動特性をもつ人物だ。たとえ若くてもキーマンになる場合がある。

ちなみに、この3つのPがすべて揃った中小企業の社長が意思決定するパターンが一番分かりやすい例だ。社長が、一度商品に惚れ込んだら、何が何でも採用するような強力な意思と行動力を持っている場合には、社長1人を説得し、成功すれば交渉は完了だ。

それでも難しい場合の策としてこんな状況をイメージしてほしい。うまくいけば一発でキーマンを見分けることができるコツを紹介しよう。例えば相手の企業を訪問して、相手が3人出てきたとする。部長・課長・係長としよう。まず、Position（役職・公式権限）は、名刺の職位通りだと考えるべきだろう。

次にPower（非公式権限）だが、これを見分けることは容易ではない。しかし、ある質問に対して相手がどう反応するかで判別ができる。それは「方針を聞く」ことだ。その商品の購買方針、採用方針、プロジェクトの推進方針など、できるだけ高い視点での「方針」を聴く。例えば「このプロジェクトで、御社が最も大切にすべきと考えていることは何でしょうか？」というような質問だ。

その質問を投げたら、相手3人の反応を見てほしい。本来は、部長が答えるべきレベルの話だが、それを課長が答えたら、課長にこのプロジェクトの権限を委譲している可能性が高い。同様に係長が答えても同じだ。つまり部下の考えを尊重するという体制になっている可能性がある。

最後にPassion（熱意）だ。これは、3人の中で誰が一番そのプロジェクトを理解し、最も熱意を持って取り組んでいるかを見分けることだ。話している内容や発言量を見て、その人の本気度や情熱を汲み取ってみよう。

以上、3つのPを総合的に分析して、キーマンを特定していくべきだろう。

9. 論理的説明のスキル

【内容】

相手を説得するために自分の主張を論理的に展開することは、ビジネス交渉においては必要不可欠だ。筋が通った根拠ある説明や主張であれば、相手も納得せざるを得ない。

特にBtoBの交渉の場合、組織間で合意するために合理的な理由が必要になる場合が多い。また、世界でグローバル交渉を行う場合にも、この論理的主張は必須のスキルだ。

帰納的《きのうてき》主張法（複数の証拠で1つの結論を立証）、演繹的《えんえきてき》主張法（三段論法）を使って主張や事由を説明し、相手の理解を得よう。

【効能】

説得力が増し、相手の理解を得ることができる。何より、相手が組織内で説明する際に、必要な根拠となる。特に組織間交渉やグローバル交渉で効果を発揮する。

【解説】

他者に対して、説得力が高い説明をするには、論理的に話す必要がある。論理的とは、「証拠を集めて、分かりやすく説明する技術」だ。大きく2つの論法がある。

①帰納的主張法

帰納法とは、本来いくつかの証拠を集めて結論を立証する手法である。

例えば、

「旅行会社Aでは、今年は中国旅行が一番伸びている」

「旅行会社Bでも、今年は中国旅行が一番伸びている」

「旅行会社Cでも、今年は中国旅行が一番伸びている」

よって、今年は中国旅行が非常に人気がある、という構成だ。

これをビジネスに応用すると、

「A社に採用いただき、B社とC社にも採用いただきました。ぜひ御社でもご検討ください」

「そうですね、青系が好きなお客さまは、こちらのスーツを選ぶ方が多いですね。今日もすでに、青系を探されているお客さまが1着買われていましたから…」

「過去にAで譲歩し、Bで譲歩し、Cでも譲歩しましたので、今回はぜひご考慮ください」

という応用になる。

②演繹的主張法

ゆるぎない根拠をつなげて、筋道をもって説明する手法が演繹的主張法（三段論法）だ。

有名な例は、「人は必ず死ぬ」（大前提）→「ソクラテスは人である」（事象）→「ソクラテスは必ず死ぬ」（結論）という構成だ。

先ほどの帰納法の考え方は易しいが、こちらは少々理解が難しい。まず大前提について、相手が納得しなければならない。例えば、「成績の良い営業は、必ず努力している」↓「彼は営業成績が良い」↓「だから彼は努力している」とする。

しかし大前提に疑問があると、この説得力が下がってしまう。ある人が、「努力していない人でも、偶然に営業成績が良い人もいるじゃないですか！」と声を上げて周囲がこれに同意すると、この演繹法は崩れてしまう。

したがって、「努力している営業は、いつか必ず報われる」↓「彼は営業努力をしている」↓「彼はいつか報われる」という大前提にみんなが同意すれば、説得力は高くなるわけだ。

この大前提をしっかりと固いものにし、そのうえで三段を組んでいく。ゆえに、三段論法ともいわれる論理主張法なのだ。

なお、これをビジネスに応用すると、

「この部品を採用したパソコンは、すべて処理速度が向上しています。御社の課題が処理速度の向上ならば、この部品の採用をぜひご検討ください」

「このオプションを選ばなかったお客さまは、皆さん後悔されています。お客さまがもしこのオプションを選ばないと、お客さまも後悔されるかもしれません」

「今年流行のコートは、カシミアの白いコートです。もしお客さまが今年の流行コートをお探しならば、一度こちらをご試着されてみてはいかがでしょうか」

10．アンカーリングのスキル

【内容】

アンカーリングとは、交渉者が最初に相手に条件を提示することで、相手の心理的な基準点をセットすることである。例えば、土産店でディスカウント交渉を行う場合、最初の言い値を思い切って安く言ったほうが、逆のケースに比べて、最終的な購入額は安くなる傾向がある。この最初に相手へ提示する金額を「アンカー」（錨、いかり）と呼び、これが交渉結果に影響を与えることを「アンカーリング（係留効果）」という。

アンカーとして作用させるには、相場などが不明確な交渉ほどやりやすい。ただし、極端にふっかけるようなアンカーリングや、頻繁に使い過ぎると、信頼を失うリスクも高い。

【効能】

特に個人売買や消費者ビジネスでは、アンカーリングを上手に活用すると、非常に効果が高い。さらに商品の価値、相手の持っている情報などを想定したうえで、アンカーリングを計画的にうまく使えば、期待以上の成果を得られる場合がある。

【解説】

アンカーリングは、交渉において最も基本的なスキルで、かつ有名なスキルの1つだ。例えば、何か価格の交渉を行う場合、自分から先に希望購入金額を言うべきか、はたまた相手に先に希望売価を言わせるべきか迷うことがあると思う。これは一体どちらが正解なのだろうか。

勘のいい人はもう分かるだろう。そう、自分から先に希望金額を提示するほうが、交渉の主導権を握りやすいのだ。もちろん、さまざまな交渉があるため、ケースバイケースではある。しかし、しっかりと準備をしたうえであれば、こちらから希望金額を先に提示して、相手に心理的なアンカーリングをかけることで、優位に進めることができるのだ。

よく、値段交渉を成功させようとして失敗する人が多いのだが、例えば、アクセサリーを卸問屋の店頭で購入したいと思ったら、店員に先に値引き率を言わせるのは得策ではない。それが自分へのアンカーリングとなってしまう。すると、2、3回値引いてもらっただけで、満足してしまうのだ。

そうならないためには、まずは値札を見る。それが30万円だとしたら、例えば「これいくらになりますか?」ではなく、「これ、9万円で欲しいんですけど、いくらになりますか?」と聞く。店員が、「いやー、それは厳しいですよ、お客さん、そうですね…(電卓をたたいて)18万くらいですね」「えー！　開きが9万円もあるじゃないですか…。9万円は厳しいな…。もっと9万円に近づけられませんか?」という具合だ。相手がベテラン店員ならば、簡単に大幅値引きを勝ち取ることは容易ではないと思うが、うまくいけば、希望に近い値引きも期待できるかもしれない。

このように、準備をもって戦略的にアンカーリングを使ってみよう。ちなみに、アンカーリングは、価格だけに適用されるわけではない。例えば、納期を短縮依頼する交渉に関しても、最初は、3週間短縮してもらうように交渉を開始して、最終的には1週間で決着を図るなどもアンカーリングだ。

11. スリーポイント設定のスキル

【内容】

これはアンカーリングの応用だ。アンカーリングを計画的に実行するために、事前に、開始点（SP＝Starting Point）、目標点（TP＝Target Point）、抵抗点（RP＝Resistance Point）を決めておくことだ。そして、SPから計画的に提示するという交渉ストーリーを準備しておくことで、行き当たりばったりの交渉ではなく、戦略的な交渉を実現することができるのだ。

【効能】

３つのポイントを準備し、交渉シナリオを準備しておくことで、意思決定のブレが少なくなり、シナリオに近い交渉を進めることができる。あなたが描いたシナリオに近い交渉が実現できれば、結果としてあなた自身の満足度も高まるだろう。

【解説】

このスリーポイント設定は、私が過去にマンションを売却した際にも活用した。本来は相場から2千万円台中～後半で売れるはずのマンションと分かっていたのだが、最初にインターネットに掲示した金額、つまりＳＰは３２００万円だった。交渉心理学で言うところの「授かり効果」で、いったん自分が使ったり住んだりした物件には、愛着を感じて高い値段をつけたくなるという心理効果だ。ＴＰが２８００万円、ＲＰが２５００万円だったのだが、ＴＰとＲＰの間で売ることができた。十分に満足したとはいかなかったが、ＲＰまでの範囲で決まれば良しとすべきである。スリーポイント設定をしたことで、私のマンション売却は何とか最低ラインは守れた。

12．フレーミング（枠づけ）のスキル

【内容】

心理的な思い込み、認知、視点のことを意味する。

例えば、あなたの家の近くの家電量販店Aで8千円の時計を買おうとしている。念のためネットでチェックしたら、歩いて20分先の家電量販店Bで5千円で売っていることが分かった。あなたは買いに行くだろうか。

次に、あなたは家電量販店Aで24万5千円のノートパソコンを買おうとしている。念のためネットで調べたら、歩いて20分先の家電量販店Bで24万2千円で売っていることが分かった。あなたはBへ行くだろうか。

多くの場合、前者ではBへ買いに行くのに対し、後者ではBへ行く人の割合は一気に減るのだ。これは、差額の3千円の価値は同じであるのに、3千円という価値に対する認知が変わるからだ。前者は38％近くの値引き率、後者では1・2％程度の値引き率だから、前者が得と感じやすい。また高額商品では、価格の感覚が麻痺するということも

あるだろう。

このように、物の見せ方と見方、話し方と聴き方によって、人の思い込み、認知、視点は変わってくるのだ。


【効能】

長所やメリットをさまざまな角度から（相手の興味ある角度から）提示することで、相手の興味や意欲が向上する。相手が想定している以上の価値を感じることで、合意に近づく確率を向上させる効果が期待できる。


【解説】

交渉する際には、説明方法などを変えてみることで相手からの見え方が変わり、相手が価値を感じる場合がある。例えば、自動車の買い換えを検討している客で、性能には興味は薄いがエコには興味がある人には、車の排気量や走行性をＰＲするよりも、電気自動車でエコであり、高い経済性が実現できる点をＰＲしたほうが買い手の興味は確実に湧く。無論、そのためには相手が何に価値を感じるか（興味があるか）を探る必要がある。

もっとシンプルなフレーミングのテクニックもある。

家電量販店Ｃ：クレジット・カードでお支払いの場合、手数料を加算して頂戴いたします。

家電量販店Ｄ：現金払いであれば、さらに割引いたします。

ひょっとしたら、ＣよりＤのほうが全体的に値札は数％高いかもしれないが、Ｄのほうに魅力を感じる人が多い。

スマートフォンＥ：バッテリーの持ちは短いが、操作感は抜群で使いやすい。

スマートフォンＦ：操作はしやすいが、バッテリーがすぐに切れてしまい充電が必要。

これは語順の関係で、Ｅに興味を持つ人のほうが多い。このように、短所と長所を話す順番で相手の感じ方、つまりフレーミングが変わってくるのだ。

13. 切札準備のスキル（ＢＡＴＮＡ）

【内容】

日本でいう「切札」に最も違い概念が、ＢＡＴＮＡだ。ＢＡＴＮＡは米国ハーバード大学が定義づけたもので、正式には、Best Alternative To Negotiated Agreement である。

通常は「交渉が決裂したときの対処策として最も良い案」と訳されるが、正確には「交渉合意に向けて進めているけれども、その交渉が行き詰まった場合にとる次の（最善の）打ち手」という意味を含んでいるのがＢＡＴＮＡだ。大事なことは、このＢＡＴＮＡを交渉前に準備しておくことだ。

【効能】

交渉が合意に至らなかった場合の代替案（選択肢）を事前に用意しておけば、何より心理的な余裕が持てる。もし交渉で心理的に余裕が持てないと、次のような事態が起こり得る。
・焦って十分な条件でないままに合意してしまう
・相手に焦っていることを悟られて、足元を見られてしまう
こうなっては、望ましい交渉ができないだろう。

【解説】

ＢＡＴＮＡの和訳として、多くの書籍などでは、「不調時対策案」「交渉が決裂したときの対処策として最も良い案」「交渉が決裂した場合の最善の代替案」「交渉決裂時の代替案」「交渉相手から提示されたオプション以外で、最も望ましい代替案」など、さまざまな表現が使われている。これらの日本語はよく読むと、受け取る側のニュアンスが異なる。しかし共通していることは、交渉がうまくいかないときでも、「**いざとなったら、これがある**」**を用意しておけ**、という点では一致している。

現に、Harvard Law School のProgram on Negotiation のウェブサイトには、次のような定義が掲載されている（２０１６年3月時点）。

「If your current negotiation reaches an impasse, what's your best outside option?」

この和訳は「もしあなたが進めている交渉が行き詰まったら、どんな選択肢が（その交渉の外側に）ありますか？」という意味だ。つまり、イメージとしては、保険的な選択肢を懐に持っておけるか、というものだ。セカンドベストと言ってもよいかもしれない。

とはいえ、ビジネス交渉は学問とは少々異なるので、実際これだけではピンとこない。したがって、現実のビジネス交渉ではBATNA的な切り札として、次の3つを事前に用意しておくことが肝要だ。

①他（者）と交渉する　↓　今の交渉相手と決裂したら、具体的に次に誰と交渉するかを用意しておく。

②交渉自体をやめても構わない　↓　今の交渉相手と決裂したとしても、最悪構わない、という覚悟を持って臨む。

③強制力を働かせる　↓　その人との交渉が決裂しそうになったら、違う力を使ってそ

の人を動かせるものを用意しておく（例…その人の上司と交渉する。別の取引を停止する。法的手段をとる、武力を行使する）など。

事例を紹介しよう、あなたは今乗っている車を買い換えようと考えている。そのために、あなたは自分の車の年式・走行距離・カラーなどが同じ条件の車が、中古車市場でいくらくらいで売られているかを調査する。すると、おおよそ150万円で売られていることが分かった。次に、実際に中古車の買い取り店がいくらで買い取ってくれるかを調べた結果、A店では60万円、B店では80万円で買い取ってくれることが分かった。そんな折、あなたの友人から「その車、俺に譲ってくれないかな。前から欲しかったんだよ」と言われたとする。さて、あなたなら、いくらで友人に提示するだろうか（諸経費などは考慮せず）。

おそらく、90万円～100万円強ではないだろうか。仮に100万だとすれば、あなたは20万円得をするし、友人も最大で50万円、中古店の値引きが数十万円あるとしても、数十万円は得をするわけだ。

そして、あなたが100万円を友人に提示したところ、「ごめん、俺、最近金欠でさ、50万円くらいで譲ってくれないかな」と言ってきたとする。この場合のあなたのBATNAはどんなものが考えられるだろうか。

a．80万円のB店へ行く。
b．最悪乗り続けても構わない。
c．そんなことというなら「絶交する！」と脅して譲歩させる。

この辺りの代替案がBATNA的切り札だろう。この中でも、あなたがB店へ行くことが最良だと思えば、それがBATNAである。
実際にその選択肢を使うかどうかは別として、保険を用意しておけば安心して交渉に臨めるだろう。なお、このケースの場合、60万円のA店へ行くことは最良ではないので、厳密にはBATNAではない。また、B店よりも、もっと高そうなC店を探す、という選択肢も、その交渉段階ではまだ存在していない（確証はない）ので、厳密にはBAT

NAとは言わない。しかし、ビジネス交渉は学問とは必ずしもすべてが一致しないので、そこまで厳密である必要はない。前述の①～③およびa～cをしっかりとイメージできれば完璧だ。

14. 問題解決のスキル

【内容】

Win－Win交渉の努力の結果、相手と一緒に問題解決を図る協調体制を築けたとしても、あるいは、良い解決策を相手へ提示するチャンスが来たとしても、具体的な方策を発案できなければ合意には至らない。ビジネスでいえば次のようなシーンだ。

「顧客のニーズに応えるために、技術開発部門に革新的な技術で開発に挑戦してもらう交渉」「顧客の納期短縮要望を実現するための、生産部門への交渉」「不良品を低減するための、解決策を品質管理部門へ依頼する交渉」「最低限の予算を使って、空港から市内までの快適な交通網に整備するための協議」などだ。

これらのように、どちらか一方が強引に要求したり、一方が妥協したりしても、本当の改善にはならない問題では、双方が協力し合ってＷｉｎ－Ｗｉｎの協調体制を築く必要がある。そして、これらの問題を解決するためには、本質的かつ客観的に分析を行うことで、合理的な合意形成を図ることができる。

それには、思い込みや主観ではなく、数値的な定量情報や性質的な定性情報を集め、事実をベースにして合理的に判断するベースを作るスキルが必要だ。無論、協議をするにしても、提案するにしても、相手との信頼関係が構築されていることが前提である。

【効能】

互いが満足し合える、極めてフェアで合理的な合意が形成できる。交渉がうまく運べば、互いの利益が増え、真のＷｉｎ－Ｗｉｎ交渉の実現が可能となる。その結果、互いの間に信頼関係が芽生え、長期的な互恵関係が構築できる。

【解説】

ほんの一部ではあるが、問題解決を推進するための具体的なツールを3つほど紹介しながら解説したい。これらは、おそらく協議、会議などの交渉の場で役立つだろう。なお、ここでは解説を分かりやすくするために、社内での交渉を例にしたい。例えば「製品の品質を向上するための会議」だ。

①Why How法…そもそも何が問題なのかをハッキリさせる

例えば、ノートパソコンの故障率を下げたいと考えているとする。

「**なぜ**、故障率が高いのか？ ↓ ノートパソコンの電源部分に問題があるようだ ↓ **なぜ**、電源部分に問題があるのか ↓ 過熱してしまうようだ ↓ **なぜ**、電源が過熱してしまうのか ↓ 過熱に関係するのは構造的問題か部品的な問題のいずれかだ。よし、それでは構造的問題と部品的問題にチームを分けて、**なぜ**、そのような問題が発生したのか、さらに本質的な問題にアプローチしたうえで、それらを**どのように**解決できるのかを検討しよう」というイメージだ。

これは、元々はトヨタの「なぜなぜ分析」、英語では「Five Whys＝ファイブワイズ」などとも言われ、物事をどんどん掘り下げて、本質的な問題を明らかにする問題解決の考え方だ。技術者や研究者になれば、５つどころか、６つ、７つのＷｈｙを繰り返し、本当の問題を発見していく必要があるだろう。しかし、そうではない仕事をしている人々は、３つか４つのＷｈｙで十分な場合が多い。

一緒に問題を解決する体制になったら、ぜひとも会議で「なぜ、この問題が起きたのか」と一緒に考えてみてほしい。前述した「姉妹の３つのオレンジ交渉ケース」のように、双方がたくさんのアイディアを出し合って知恵を絞るのとまったく同じ考えだ。

余談だが、ビジネスの現場で、この「なぜなぜ分析」を部下に使い、部下を問い詰める上司をよく見かける。しかし、この「なぜなぜ分析」を部下に使うと、それは単なる詰問になってしまい、部下からは「すいません、すいません」しか出てこず、問題の解決にはならない。あくまでも、考え方が大事であり、自分自身に問いかけたり、一緒に考えたりするためのフレーズとして使うべきである。

②定量換算法…数値化で明確にし、優先順位をつける

〈表5〉

	改善インパクト	調査工数	改善コスト
A	5	3	1
B	3	3	1
C	4	2	2
D	1	1	1
E	2	1	3

ここでは、交渉ゴール設定の際の価値判断や、交渉相手との認識の一致のために使う手法である。

例えば、先ほどの会議で「調査の結果、品質を改善するために、A~Eまで、5つの課題が発見されました」とする。その中でも、A~Eのどれから着手すべきかが、ビジネスの現場では議論になることが多い。その場合には、上の表5のように、重要項目を定量化し、利害関係者の基準を統一した後に解決手順を協議していくと、スムーズに決定されることがある。

③メリット・デメリット法…最終的な意思決定をする際に使われる

例えば、先ほどの品質改善に関して、課題Aに関する具体的な改善方法として、X案とY案の2つが出たとす

〈表6〉

	X案	Y案
メリット	・最高峰の品質が期待できる ・不具合対策工数が低減する ・競争優位性が高まる	・迅速に体制が構築できる ・必要な品質は担保できる ・低コストで体制構築できる
デメリット	・品質管理工数が増える ・体制構築まで時間がかかる ・管理体制構築にコストがかかる	・中長期的には品質不安がある ・万一の際に追加対策が必要である ・競争優位には至らない

る。いずれもAの課題を解決するために有効な手段のようだが、当事者が最終的にXとYのどちらの手段を採択すべきかを協議する。その際には、表6のように、X案とY案の全体を俯瞰し、メリットとデメリットを見える化する。そうすると、主観や思い込みから脱却でき、合理的な合意形成が図れるのだ。

実は、これら①②③の手法は、私自身がクライアントのコンサルティングを実施する際や、社内において年間に何度も活用する問題解決のツールであり、とても重宝している。ぜひとも活用してほしい。その際には、ホワイトボードや模造紙の準備が必須だ。

ちなみに、問題解決の推進ツールを紹介する際に、なぜ社内会議を例に挙げたかというと、社外の例よりも、社内のほうが利害関係が一致しており、Ｗｉｎ－Ｗｉｎになりやすいのだ。利害関係が一致しているならば、互いが協力して問題を解決することが、双方にとってはＷｉｎ－Ｗｉｎに近づく。この理屈でいけば、例えば顧客との交渉や地域での交渉においても、**利害関係の一致を見い出せれば、Ｗｉｎ－Ｗｉｎ交渉で問題解決へ持ち込むことができる**だろう。

第4章

ビジネスの現場で使われている交渉テクニック集

人を動かす2つのテコ

「人はどうすれば動いてくれるのか?」

この質問に明確に答えた歴史上の人物がいる。かのナポレオン・ボナパルトである。彼は「人を動かすには2つのテコがある。それは恐怖と利益である」と言った。

私もビジネス交渉を研究していると、確かにこの2つに行き着く。人を動かす利益には、大きく2種類あると私は考える。1つは、物理的利益である。お金や物品だ。もう1つは、情緒的利益である、安心、希望、承認などの気持ち面での利益だ。お金や物品も究極的には気持ちの利益につながるのだが、あえて分かりやすくすれば2つに分類できる。

一方、恐怖も同様に2つある。1つは物理的恐怖で、物品没収、拘束、体罰などであり、もう1つは情緒的恐怖で、脅し、恫喝、悲しみ、不安などだ。ビジネスだけでなく、日々のニュースを観ていると、世の中で起きることの背景には、これらが渦巻いているを感じる。ビジネス交渉でも、この利益と恐怖を上手に使うことで交渉がスムーズに進むことがある。ただし、目的を見失ってはならない。相手を陥れるような目的ではなく、相手のため、相互のため、または自分の利益のため（相手を不幸にしてはいけない）に使うべきである。

そこで、ここからは、利益と恐怖をうまく交えながら、さまざまなビジネスで使える交渉テクニックを紹介する。なお、ここに紹介するテクニックは、ぜひ恒久的に装備してほしいテクニックや、小手先のテクニックも含んでいる。中には少々姑息な手段も入っているが容赦いただきたい。これらの中から、自身の職務で使えそうなものだけを選んで、ぜひとも使っていただきたい。

①サンクススタート法

感謝を先に述べることで、相手が受け入れやすくなる（断りづらくなる）。

「忙しい中、時間をとっていただきありがとうございます。実は…」

「この間はありがとうね、今日はちょっとお願いがあるんだけど…」

「おっ、今日も頑張ってるね。ちょっと力を借りたいんだけど…」

②ビコーズユー法

相手を認める発言をすることで、相手が受け入れやすくなる（断りづらくなる）。

「君にしか頼めないんだけど…」

「あなたの技術が必要なのでお願いしたいんだけど…」

「前にやってもらったのがすごく良かったので、またお願いしたいんだけど…」

③メリット提示法

メリットを提示することで直感的に受け入れやすくする。

（×）悪いけど、明日までに社長に提出しないとまずいので、資料作成手伝ってくれる？

（○）社長に提出する大切な資料作成に、力を貸してくれない？　もちろん、君の名前も記載するよ。社長に名前を覚えてもらういい機会になると思うよ。

④デメリット提示法

（×）この契約書の内容について、急いで法務部にチェックを依頼しておいて。

（○）来週になって法務部に依頼しても「遅い！」と君のところにクレームが入るだけだから急いで！

⑤権限ありません作戦

これは若手ほど使える作戦だ。

「値下げですが…、かなり厳しいですね…。私には権限がありませんので、持ち帰って上司と相談させてください」と言い、後日「値下げ不可」の返答をする。これは、自分ではなく会社としての判断であるという意思と、すぐに返答するよりも誠実だという印象を相手に与えるテクニックだ。しかし、場合によっては「逃げ口上」と受け取られるので要注意だ。

⑥真夜中メール作戦

難しい問題に関して、あえて、夜中にメールを送信することで、「そうか、こんなに遅くまで頑張ってくれたのか」と誠実な印象を与える（日本だけで有効だと思うが）。

送信日時：20XX年6月14日　AM2時45分「〇〇様　お世話になっております。ご要望の件につきまして、今しがたまで社内で徹底的に協議を行ったのですが、誠に申し訳ございませんが、すべてのご要望にお応えすることが困難という結論に至りました。しかしながら、A～EのうちBとDに関しては、弊社にて対応することができそうです。詳しくは明日訪問をしてご説明させていただきます」という具合だ。

⑦ピンチヒッター作戦

これは、相手のキーマンがこちらのキーマン（上司）と旧知の仲のため、相手から頼み込まれると自分の上司も断りづらいと思ったときに部下が使う作戦である。自社側のキーマンを急きょ休みにして、自分がピンチヒッターで全権を委任されて交渉に来たという作戦だ。

「購買部長、いつもお世話になっております。実は、本日急きょ、上司の福田が体調を崩してしまったため、私が全権を委任されて参上いたしました」というものだ。相手からすれば、上司の福田さんなら旧知の仲だから、無理も言えたのだが…、と出鼻をくじかれてしまう。これは私が昔実際に使ってお客さまから見破られたものの、「葛西さん、うまいね、その作戦、正解だよ」と苦笑いされたテクニックだ。

交渉には信頼関係が必要だが、時に強過ぎる信頼関係は甘えを生む場合があるので、ケースバイケースでの対応が必要だ。

⑧大人数作戦

これは、昔から日本では多用されてきた手法だ。大人数で相手先を訪問して、交渉の打ち合わせに参加する方法だ。この手法には、

（1）大人数で心理的にプレッシャーを与え、交渉を有利に進める

（2）関係者を全員連れて行くので、どんな質問が来ても答えられる

というメリットがある。しかし、仲間同士での日程調整や事前のすり合わせなど、手間がかかるので、頻繁には使えない。

⑨オピニオンリーダー作戦・仲介者作戦

交渉相手に影響を与えることができる第三者（上司、恩師ほか）と、事前に人脈を形成しておき、いざというときにその人に「鶴の一声」をお願いする方法である。

⑩開き直り作戦

開き直ることで、相手へプレッシャーを与え、最終決断を迫る手法である。

「それでしたら、もう交渉を終わりにしましょうか？　私どもも大幅な譲歩をしているにもかかわらず、御社がまったく譲っていただけないのでしたら、これ以上の交渉には意味がありません。ここまでの内容もすべて白紙に戻すことも辞さないと考えます」

しかし、これにはリスクがあり、下手に使うと単なるケンカになるので、注意が必要だ。使うならば、必ず切札（ＢＡＴＮＡ）を準備して、戦略的かつ冷静に使うべきだ。

⑪ホーム＆アウェイ作戦

Ｗｉｎ－Ｌｏｓｅで、なおかつ緊迫した交渉を行う場合は、相手のオフィスなどで行うほうが良いことが多い。スポーツのアウェイ戦のように不利のような気がするが、交渉においては、いつでも離席できるというメリットがある。逆にホームで実施し、相手に居座られてしまうと厄介だ。

⑫沈黙作戦

あえて沈黙を使って相手にプレッシャーをかける。これと同時に相手から話を引き出す。これは、相手がよくしゃべるタイプだと効果的だ。

⑬泣き脅し作戦

日本人が昔からよく使う手法だ。

「お願いします！　この注文をいただけないと、事務所で上司からの厳しい追及が待っているんです。助けてください！」という手法だ。情深い相手には一定の効果は期待できるが、これもほどほどにしないと信頼を失ってしまうだろう。

⑭贈答品作戦

これは読んで字のごとくであるが、コンプライアンスや業界自主規制などが厳しい現在では、難しい作戦だろう。しかし、今なお発展途上国では、賄賂、付け届けなど当たり前な国が多く、逆にそれをまったくやらない会社は、はなから相手にされず、まったく受注できないということもあるようだ。相手国の文化も勉強しておこう。

⑮引き延ばし作戦

あえて、急ぐ必要がない交渉では、合意を引き延ばすことで自分が有利になる場合もある。または相手が不利になるのであれば、いろいろな理由をつけて、さりげなく合意を引き延ばしてみよう。特に相手が焦りはじめたら、主導権がこちらに移ることもある。これは前述した時間管理のスキルと併用しよう。

⑯Go to the balcony（ゴートゥーザバルコニー）

これは、相手と交渉する中で、こう着状態に陥った場合や、逆に交渉が熱くなったり緊張感が高まり過ぎた場合に、あえていったん休憩をはさむ、あるいは次回へ持ち越したりする勇気を持つことである。それにより、バルコニーの上から交渉全体を見渡して、第三の選択肢を見つけられないかと考えたり、冷静になることができる。ハーバード大学が提唱している交渉の名言だ。

⑰グッドコップ・バッドコップ

これは、昔ながらのＷｉｎ－Ｌｏｓｅ交渉だ。

２人で交渉に臨む。基本的にこちらの立場が相手よりも高めの際に使うもので、１人が悪い人を演じ、もう１人が良い人を演じる。例えば悪人役が「おい！　一体どうなっているんだ?!　自分の言っていることが分かっているのか??」と強い口調で脅した瞬間に、良い人役が、「まあまあ、落ち着け。すいませんね、決して脅しているわけではないんですよ。ビジネスですから、お互いに誠意を持って対処すべきだと考えているだけですよ」と言って、威圧と懐の深さで交渉相手を引き込む作戦だ。

しかし、今の時代にこんなことをしたら大問題になるので、ビジネスマンの皆さんは、この作戦はもはや映画の中だけと理解されたい。

第5章

「香川正人」の交渉ストーリーから学ぶ

この章では、ここまで学んだ交渉スキルの一部を、香川正人を主人公にした交渉ストーリーを読みながら振り返っていこう。また、このストーリーから、新たに交渉に重要なものを見つけ出してほしい。

香川正人の交渉ストーリー

「香川部長！　お客さんが、社長に代われと言っているんですが…」

営業担当者の村田が、受話器を持ちながら声を震わせ、部長の香川に相談を持ちかけた。

普段とはどうも様子が違う。異常な事態を察した香川が聞き返した。

「どうした？　お客さんは怒っているのか？」

「はい…、猛烈な勢いで怒鳴っているのですが…」

香川と村田の勤務するこの会社は、株式会社丸の内第一システム（以下、MS社）で、大手総合商社の「東京第一商事」の子会社のシステム販売会社であった。香川は、総勢20人のシステム営業部門を束ねていた。部下の村田が販売した製品は、ビル間でネットワーク通信をするための屋外設置型の大型無線ＬＡＮシステム「ＬＡＮ－ＣＯＭＮＥＴ（ランコムネット）」であり、10か月前にこれを購入した顧客からの電話だった。

「分かった、今責任者が誰もいないので、後で折り返し電話をすると伝えて、いったん電話を切ってくれ」

「分かりました」

香川は、詳しい背景がまったく分からないため、いったん顧客からの電話を切るように指示をし、その後、村田から詳しい経緯を聞くことにした。

「村田君、まずは詳しい経緯を教えてくれないか」

「はい、実は…」と、村田が今回の経緯を説明しはじめた。

経緯を聞いてみると、次の通りであった。

・顧客は、東北地方の北雪山市にある地元密着企業の「龍神工務店」。従業員１００

名の会社。
・龍神工務店は、地元の公民館などから建物の工事、電気配線などを一貫して一次請けとして受注し、さらには本来の分野ではないLAN配線やパソコン販売・設置までを入札で、すべて受注している。
・納品されたLAN－COMNETは、地元に営業所を構えるシステム商社である東北沖田システムを経由し、さらに龍神工務店の地元の下請け企業・辻田商会が販売している。
【販売ルート】ＭＳ社（東京）→東北沖田システム（東北市）→辻田商会（北雪山市）→龍神工務店（北雪山市）→公民館（北雪山市）
・電話をしてきたのは、龍神工務店の常務取締役・花田氏。最近、取締役に就任したばかりの若手役員らしい。
・ＭＳ社が東北沖田システムに販売したのは、香川が部長として就任する3か月前で、今から10か月ほど前のことであった。
・公民館Ａと公民館Ｂを結ぶ、屋上に設置された無線ＬＡＮの〝屋外発信機〟と〝屋外受信機〟が通信していないことが判明した。
・原因が何かは、現段階では分からない。
・仮に製品の不具合だった場合は、1年間の保証期間中ということもあり、通常は「製品の返送→修理→再納品」という形をとる。
・しかし顧客は、製品の返送ではなく、すぐに北雪山市まで代替機を持参するように、再三にわたり恫喝し要求してきている。
・機材を持参することは物理的に不可能ではないが、東京―北雪山市間の直行便は本数が少なく、今日の便はすでに満席。手持ちで持参するとしても、明朝一番の飛行機が最速だ。
・東京から北雪山市まで代替機を2人で持参した場合は、交通費などの諸経費が約20万円程度必要となる。
「もしもし、わたくしMS社の販売責任者で、部長をしております香川と申します」

「部長⁈ 俺は社長出せって言ったんだよ。あんたは販売の責任者か⁈ まぁいいや」

龍神工務店の花田常務が、電話口で強い口調でまくし立てる。

「はい、私が販売責任者の香川と申します。この度はご迷惑をおかけしまして、誠に申し訳ございません」

「お～、あんたなら話が分かりそうだな。俺は龍神工務店の花田だけどよぉ、原因はよく分からねぇが、とにかく客先で通信ができねぇんだ。今すぐ新しい機材を持ってきて付け替えてくれ」

「そうでしたか、御社が最終顧客に納品したＬＡＮ－ＣＯＭＮＥＴに不具合があり通信ができない状態なわけですね。花田さま、それは大変なご苦労をおかけし申し訳ございませんでした。もし製品の不具合だとしますと、通常はお客さまから機材を返送いただき、修理して再納品する流れとなっていますが、いかがでしょうか？」

香川は、あくまでもＷｉｎ－Ｗｉｎの姿勢でお客さんの問題解決策を探ろうとしている。そのため、まずは**信頼関係を構築すべく、共感、オウム返し、相手の名前を呼ぶ**というアクションを基本に忠実にとってみる。また、オープン質問を使って相手の考えを引き出そうとする。

ところが、「さっきも言ったんだけどよぉ～、そんな時間あったらわざわざ間の販売会社を飛ばしてあんたのところに電話なんてしねぇべよ！　こっちはお宅の機材のせいで、何か月も追加作業が発生しててよ、その代金を客からもらえてねぇんだよ！　あんたなら話が分かると思って頼んでんだよ～。な、分かってくれよ」

強気の態度で香川が折れないことを感じたのか、花田はあたかも下手に出るかのような口調に切り替わった。

「はい、切迫しているご状況は花田さんのお話で理解できました。それでは、お客さまからの返送は後日として、弊社から本日の便で替わりの機材を発送いたしますので、明日到着しましたら機材を付け替えていただければ、製品不具合であれば通信ができるようになるかと思いますが、いかがでしょうか」

「おい、お前よぉ～、北雪山市が東京から遠いからってなめてんじゃねぇぞぉ～。お～?!　こっちは、今すぐに持って来いって言ってんだろうが！」

香川としてはＷｉｎ－Ｗｉｎ問題解決の姿勢で、最大限の対応をしようと試みたが、花田はまったく受け入れようとせず、何が何でも北雪山市へ機材を持参するように要求している。

そして、こんなやりとりが何度か続いた後、香川は花田という人物は理屈が通用しない相手と悟り、ここはいったん花田の要求をのむことにした。

「分かりました。それでは、今日これから北雪山市へ向かえるか、飛行機の手配などもありますので、調査をして改めてご連絡いたします」

香川は、まずはいったん花田の納得をとりつけ、電話を切った。

「どうやら、理屈が通じる相手じゃなさそうだな…」

香川は、今後の方針について、早速上司の本部長に相談した。

実はこの時すでに、香川の心の中では、この交渉をＷｉｎ－Ｗｉｎの状態に持っていくことは絶望的だと感じていた。したがって、ここは穏便にいったん相手の要求をのんで、ことを荒立てずに解決しようと考えていた。

「香川君、それは大変だったな」

本部長の吉田がひと通りの経緯を聞いた後に発した一言だった。香川が続けた。

「はい。というわけで、さっそく代替機材をハンドキャリーで北雪山市に持参したほうが、ことが大きくならずに済むかと思いまして…」

「ああ、そういうことなら、悪いが担当の村田君と現地に向かってくれないか。きっと機材を持参して、明日の朝にでも交換して、通信が改善すれば龍神工務店さんもご機嫌を直してくれるだろう…」

「そうですね…」それでも香川の心には一抹の不安がよぎった。

「では、明朝一番の便で北雪山市へ向かいます」

「大変だけど頑張ってくれたまえ」

「はい、お任せください」

香川が技術部門に事情を伝えると、技術担当は持参用の代替機材を緊急で用意してくれた。この時、香川が技術部門に依頼したのは、２つの機材だ。

①まったく同一製品の機材と、②同じ製品群で現在のものより電波強度の強い機材、である。

これは、顧客が通信できない原因が機材にあるとすれば、それは現在の製品に不具合があるか、またはそもそも仕様が違うかのいずれかだろうと考えていたのだ。このようなイレギュラー時ほど、冷静かつ論理的に対処する必要があることを香川は知っていた。

そして、香川と村田の2人は代替機材を2つの紙袋に収めていったん帰宅し、花田さんの了解を得たうえで明日の早朝便で北雪山市へ向かうこととした。

2人は、翌朝には飛行機で北雪山市内のLAN－COMNETが設置されている公民館へ到着することができた。そこには、地元の東北沖田システム担当者の前田氏と、辻田商会社長の辻田氏、そして龍神工務店の担当の3名が待ち構えていた。

簡単に挨拶を済ませて、2人はすぐに作業に取り掛かった。

実際には、製品に詳しい村田が作業を実施し、香川は状況を観察していた。

すると、作業をしているうちに村田が香川に小声で耳打ちした。

「香川さん、この公民館同士の距離だと、設置されていた製品の型番では受信機まで電波が届きません。念のために持参した電波強度の強いタイプを設置したら、無事に開通しました」

「ということは、そもそも向こうが発注してきた型番（弱電波）が間違いだったのか」

「はい、今回は先方が型番指定で購入しましたので…。そういうことになります」

「分かった」香川がこちらに非がないことを確認したうえで、村田の残りの作業を見守った。作業は、朝9時にはじまって午後2時に無事終了した。

「前田さん、辻田さん、龍神工務店さん、作業がすべて完了し、無事に開通いたしました」

香川がそう報告すると、すかさず龍神工務店の担当者の1人が口を開いた。

「そうでしたか、それはご苦労さまでした。うちの常務が皆さんに事情をお聞きしたいとのことですので、弊社の事務所にお立ち寄りいただけませんか」

香川は「きた！」と思った。おそらく事務所には、あの恫喝電話をかけてきた花田常務が待機しているはずだ。

しかし、これは香川の予想通りの展開ともいえた。

実は、香川は村田が作業をしている間、無事に開通した場合、花田常務が何らかの因縁を我々にぶつけてくるのではないかと想定し、それに対する対処策の選択肢を懸命に考えていたのだ。香川は百戦錬磨の交渉経験から、**交渉には準備が大切**であること知っていた。そして、**どんな相手とどのような交渉をするのかについて、そのゴールや時間の流れなどを、頭の中でしっかりとシナリオ構築していたのだ。**

「分かりました、伺いましょう」香川はそう言い、村田、東北沖田システム、辻田商会とともに花田常務の待つ、龍神工務店の事務所へと向かった。

龍神工務店の建屋は、北雪山市の山の奥にある2階建ての小さなビルだった。

そして、東北沖田システムの前田、辻田商会の辻田社長、香川、村田の4名が、2階の会議室に通され、テーブル越しに花田常務を筆頭に龍神工務店の社員と対座した。

香川の予想と違ったのは、花田常務が想像以上に若い人間であり、地元の不良少年がそのまま大人になったような印象だったことだ。歳の頃なら30歳くらいだろう。

そして、花田常務が口火を切った。

「今回の問題で、うちは何か月分もの余分な工数が発生した。今回の問題がなぜ起きたのか、1社ずつ説明してくれ。まずは辻田商会！　一体どうなってんだ⁈」

（やっぱりだ…）

香川は心の中でつぶやいた。

本来であれば、この張りつめた雰囲気の中で狼狽してもおかしくないが、香川は自分が予想した通りの展開がスタートしたので、冷静に対処を考え、うまくいく自信さえ湧き出てきた。

香川の席からも、老齢の辻田社長が狼狽しており、説明もおぼつかない様子が見てとれる。

10分ほどやりとりが続き、次は座席の順番通りに、東北沖田システムの前田と花田常務とのやりとりが展開された。それはまるで尋問のようだった。

「次！　東北沖田システム！　お前がこんな製品を提案したんだろうが⁈　この損害をどう責任とるんだ?」

まったく根拠もなく、また時には明らかに真実と違う状況を指摘し、猛烈な勢いで相手を追い込む。反論すれば容赦なく机をたたき、恫喝する。

（そうか、やっぱり彼らの目的は「カネ」か。こうやって、まずは相手を心理的に追い込んで、最後は実態のない作業代まで請求する気だ。我々は、ビジネス上の義務は果たした。この交渉のテーブルにつく義務はなく、また話が通じない以上、その意味もない）

香川はそう冷静に分析した。そして、交渉で極めて重要な「**相手の真意**」について、今回の花田の真の狙いは「カネ」であると確信した。

「次！ 丸の内第一システム！ 何でこんなに対応が遅いんだ?!」

「当社はお電話をいただき、お困りになっている御社の現状を理解し、本来は機材返送後の修理が原則ですが、当日に機材を用意し、現場で通信を開通させました。また、ご発注いただいた機材の型番が違っていたことも、通信ができなかった原因です。当社としては、最大限の対処をとったと考えています」

「客が困っているんだから、そんなのは当たり前だ！」

（やはり案の定、こちらが何を言っても対応が悪いと指摘し、脅して金を取るつもりだ）

「次、村田！　俺が電話した時のお前の対応は何だ?!　電話にも出なかったよな?!」

「確かに、ほかの仕事で電話に出られない時もありましたが、それは数回です。すべてのお電話を受け、対応してきたつもりです」

「何だお前は?!　ふざけるな！　帰れっー！」

（今だっ！）香川はチャンスが来たと思い、すくっと立ち上がった。

「よし、村田、帰るぞ」

その思いもよらない行動に、花田常務も一瞬言葉に詰まったが、こう続けた。

「お、お前はいいんだよ！　村田だけ帰れっ！」

「いえ、村田も私も会社の代表として来ています。代表に帰れとご指示いただいたのであれば、私も帰れということになります。村田、帰るぞ」

そう言い残し、香川と村田が会議室から出ようと外に出かけたとき、花田常務が追い討ちをかけて、

「おい、待て！　逃げるのか？」

そう言いながらも花田は席を立たない。力ずくで東京へ帰さなければ、本当に軟禁になることは理解していたのだろう。

会議室のドアノブをつかみかけたその時、振り返って香川はこう言い放った。

「これ以上お話があるならば、弁護士を通してご連絡ください！　私どもも弁護士を立てますので。それでは、失礼いたします」

香川は毅然とした態度で、冷静にそう言い残して会議室を出た。

実は、香川には、このストーリーがすべて読めていたのだ。

最初の電話に出た時の花田常務の恫喝、設置作業をしている際の龍神工務店のメンバーのうごめき。そして、事務所に呼ばれて会議室に通された際の軟禁とも言える雰囲気。その時点で、香川は「**Ｗｉｎ－Ｌｏｓｅ交渉**だ、**切り札**を用意して臨もう」と決断した。

第一の切り札は、「**交渉のテーブルに居続ける必要はない**」ということだ。自社は誠実に対応し、例外的に機材を持参するという対応まで行った。さらには、当社製品には問題がないことも分かり、相手の発注ミスが判明した。これ以上、何ゆえに交渉のテーブルに着く必要があるのだろうか。

第二の切り札は**法的手段**だ。**弁護士**を通じて訴訟することで、恫喝をしてきた龍神工務店を恐喝罪、脅迫罪、強要罪に問える可能性がある。

そして、第三の切り札として、親会社の力がある。ＭＳ社は世界規模の大手総合商社「東京第一商事」の子会社だ。上層部には親会社から出向している人間も多くいる。いざとなれば、この案件を親会社に通知して、龍神工務店関連の仕事を**親会社の力で排除**することも不可能ではないと香川は考えていた。

香川と村田がビルを出て駐車場へ向かい、車に乗り込もうとした瞬間、誰かが香川の右腕を掴んだ。振り返るとそれは辻田商会の辻田社長だった。おそらく花田常務から、連れ戻すように脅かされて追いかけてきたのだ。

「か、香川さん、何とか戻ってもらえませんか？」

辻田社長は、気の毒なくらい小さくなって懇願している。確かにそれくらい、花田常務の恫喝には威圧感があったのだ。

「何をするんですか？ 放してください。**警察を呼びますよ！**」

と、その瞬間、辻田は我に返ったように、掴んでいた香川の腕から手を放した。

そう、香川は**最後のBATNA「国家権力＝警察」**を使ったのだ。

「もはや皆さまと交渉するつもりは一切ありません、失礼します。村田、行くぞ」

そう言い残して香川と村田は龍神工務店を後にし、空港へ向かった。


道中、村田は運転をしながら、助手席ですっかりリラックスしている香川に尋ねた。

「香川さん、あれ、絶妙なタイミングでしたね。あの立ち上がるタイミングを逃していたら、まだ何時間もあそこにいたかもしれませんね。とっさに考えたんですか？」

「ははは。まさか。今日、東京を出発した時点からずっと考えていたよ。電話で花田と話した時点から**交渉シナリオの構築**ははじまったのさ。〝これは普通のビジネスじゃない。花田という人間には、理屈が通じない〟と感じていたからな。作業によって無事に通信が開通し、何もなく帰れれば何の問題もない。しかし作業後に、事務所へ呼び出されるという状況になったとしたら、いろいろなことが考えられる。恐喝、恫喝、軟禁、監禁、暴力…。そうなった場合にどうするか。そりゃ事前に考えておかないと、今頃まだ軟禁されてるよ（笑）」

「しかし、そうだとしても、あの緊迫した状況で、席を立つのも勇気がいりますし、そのうえ、交渉をこちらが打ち切るというのは、営業としてなかなか勇気がいりますよね（苦笑）」

香川は、村田の質問を予測していたかのように、すぐさま答えた。

「村田、交渉というのは人や組織同士が、コミュニケーションを通して、利害を確定する行為なんだ。そして、それはできるだけＷｉｎ－Ｗｉｎであるべきなんだ。しかし、花田とはまともにコミュニケーションも取れなかった。そして、Ｗｉｎ－Ｗｉｎへのトライはしたが、結果としてＷｉｎ－Ｌｏｓｅにせざるを得なかった。さらに交渉を続ける必要もなかった。なぜなら、次のような場合には交渉を続ける合理性はないからだ。
・この交渉に取り組んでも自分たちの利益にならない。
・今のタイミングで交渉をすることは、利益よりも不利益を被る。
・忙しくて交渉や準備の時間が取れない。

・相手が極めて不誠実で、理屈がまったく通用しない。
・これらの理由によって交渉のテーブルから離れても、合理性のある主張ができる」
「さすが、香川さんですね！　自分はとにかくこの場をどう逃れるかばかり考えていましたよ。いつも行き当たりばったりの交渉で苦い思いをしてきましたから。ところで香川さんは、どうやって交渉の準備をしているのですか？　何かコツはありますか？」

「交渉SPRITシート（次章参照）を使えばいいさ。東京の事務所に戻ったら、教えてやるよ」

「ありがとうございます！　ちなみに、香川さんが考えていた、今回の交渉のゴールは何だったのですか？」

「そんなの決まっているだろ！　無事に問題を解決して、空港で北雪山名物の北雪山ラーメンを食べることだよ！」

「いいっすねー　ゴチになります！」

「…ったく、そういう交渉だけはうまいな（笑）。冗談はさておき、今回のゴールは、事態の鎮静化以外に他ならないんだ。そのために、我が社に今回のトラブルの責任がないことを現場に行って確認しなければならない。本当に問題が起きているのか？　問題の本当の原因は何なのか？　そのためには、こちらが相手のペースにはまってはいけない。自分たちのゴールを常に念頭におき、相手の人物像を分析し、事実を把握し、取るべき行動を取る。相手を打ち負かすことがゴールではないからな。本来ならば、俺たちの交通費もすべて要求したいところだが、ゴールが沈静化である以上、ここは追及せずにクロージングすべきだろう。ま、いろんな会社や人を相手に商売をしていれば、いろんなことが起きるものさ」

村田は、香川の話を聞きながら、自分が目先のことだけ考えて交渉していたことを心から反省した。

「今回、香川さんの交渉を見て、本当に勉強になりました。先方から恫喝電話がかかってきたときはどうなることかと思いましたが、香川さんがいてくれたので、本当に助かりました」

「はは、そりゃどうも。ま、上司だから当たり前だろ」

「ありがとうございます。今回のことで、私、交渉には特に２つの大事なことがあると学びました。1つは、〝先を読むこと〟、もう1つは〝事実を分析すること〟です。この2つから、交渉のシナリオを頭で描くことが大切なんですね。いやー、でも難しいですよね。香川さんみたいに経験を積んでいけば、私もできるようになりますかね？ …香川さん？」

ふと、村田が助手席に視線を向けると、そこには疲れ切った香川が熟睡をしていた。

「…香川さん、寝てるんかい！」

その呟きは、村田の中に安心感が確かに広がってきたことを意味していた。

＝ 完 ＝

※このケースは、交渉学習用に作成したフィクションです。地域や団体名はすべて架空のものです。

第6章

SPRITシートで交渉準備

1. 効果的な交渉の準備

交渉を行う際に準備が欠かせないことは、これまでに述べてきた。特に重要な交渉になるほど、その準備が明暗を分けることも少なくはない。欧米のMBAスクールでは、どのような準備を行うかを重要視し、準備方法を学ぶ授業も多いようだ。

実際に私の交渉経験においても、準備は極めて重要だと認識している。準備をすることの最大のメリットは、「交渉がブレない」点だ。準備の段階で交渉のシナリオができているのだから、簡単にはブレないだろう。

さらに、選択肢が多く用意できているため、「うろたえない」「代替案がある」「心理的な余裕が生まれる」などのプラスの効果が働く。ある意味、この交渉の「準備」は誰でもできる最良のスキルではないかと考える。準備をしたうえで交渉を進めれば、合理的に交渉が進むので、合意形成への道も近いかもしれない。

そこで、皆さんには、準備するうえで必要な項目をまとめた「準備シート（SPRITシート）」を紹介したい。なお、このシートは、私が経営するメンター・クラフト社

●ＳＰＲＩＴシート

交渉術ノート
The Negotiation Note
-SPRIT-

Date　　　　/　　　　/

Situation　【状況分析】交渉背景、経緯、状況を分析する

1．何を交渉するのか？（交渉のテーマ）

2．なぜ交渉するのか？（目的、理由）

3．交渉相手と場所

4．今回の交渉のゴールは何か？

5．次のステップは何か？（今回の交渉の次に何をするべきか？）

6．交渉時間（交渉開始日時、交渉期限、スケジュール）

-1-

Profiling 【相手分析】交渉相手の人物像や性格などを分析する

1．Profiling : 相手の人物像

	タイプ :

2．自分と相手の利害は何か？　互いの共通利害は何か？

3．相手の関心事項や興味は何か？

4．相手はどんな情報をどれくらい持っているか？

5．キーマンと影響者は誰か？

6．相手の時間的猶予はどれくらいか？

Relation 【構造分析】相手との関係性も含めその交渉の構造を分析する

1．Win-Win か Win-Lose か

2．SP,TP,RP のスリーポイント設定を決める

3．価値交換：何を相手と交換できるか？

4．BATNA：交渉が決裂しそうになった（した）場合の次の選択肢は何か？

-2-

5．譲歩の条件と範囲

6．「何にフォーカスし」「どのように」論理的に説明するか？

7．質問１：相手に質問すべき重要な事項は何か？

8．質問２：相手からの想定質問と重要質問への応答準備

9．合意するために解決しなければならない最重要事項は何か？

Idea 【選択肢創造】 問題解決のための解決アイディアを創造する

1．現在協議しているアイディア以外に、新たな選択肢はないか？

2．専門家の協力は得られないか？　第三者の協力は得られないか？

Tactics 【戦術準備】 有効な交渉スキルや戦術を準備する

1．信頼関係構築をするために、会話の中で留意する点は何か？

2．交渉を有利かつ効果的に進める心理戦術は何か？

-3-

のホームページ（http://www.mentor-craft.co.jp）からダウンロードできるので、ぜひ活用されたい。

2. 準備のステップ

これから解説する項目は、ＳＰＲＩＴ準備シートに記載された項目であり、重要な交渉ほど、しっかりと準備をすれば、望むような交渉が実現できる。そこで、ＳＰＲＩＴ準備シートの概要項目をご紹介しよう。

Ｓｉｔｕａｔｉｏｎ…【状況分析】交渉背景、経緯、状況を分析する
Ｐｒｏｆｉｌｉｎｇ…【相手分析】交渉相手の人物像や性格などを分析する
Ｒｅｌａｔｉｏｎ…【構造分析】相手との関係性も含めその交渉の構造を分析する
Ｉｄｅａ…【選択肢創造】問題解決のための解決アイディアを創造する
Ｔａｃｔｉｃｓ…【戦術準備】有効な交渉スキルや戦術を準備する

これら5つのカテゴリーの情報を整理し、収集分析することで、強い交渉戦略と戦術を手に入れることができる。ぜひ皆さんには、重要な交渉の前には、これらを準備していただきたい。

それでは、SPRIT準備シートの各項目に沿って、詳説していこう。

なお、このSPRITシートには多くの項目があるが、これらすべてを毎回用意するのは骨が折れる。したがって実際には、その交渉の重要度や難易度によって、準備する項目を自身で選択したほうがよい。ただし、全社や部門の命運がかかっているような重要交渉であれば、全項目準備すべきだろう。

3．Situation…【状況分析】交渉背景、経緯、状況を分析する

①何を交渉するのか？（交渉のテーマ）

最初の項目は、「今回は何を交渉するのか？」である。「値下げ（上げ）交渉」「納期交渉」「用地買収交渉」など、ビジネスではさまざまな交渉事項があるだろう。まずはテーマ

を明らかにすべきだ。

注意すべき点は、このテーマは、交渉の表面的な意味を示すことが多く、本質的ではない可能性があることだ。例えば「値下げ交渉」。これは値段を下げる、下げないということが交渉のテーマになるが、その背景には、別のテーマもあるはずだ。経済的な利益を出すため、コストダウンの重要性を認識してもらうなど、まさに、なぜ交渉を行うことになったのかという真の理由があるはずだ。それについては次項で考えてみよう。

②なぜ交渉するのか？（目的、理由）

前項で「何を交渉するのか？」と言ったが、その交渉を行うに至った経緯や背景があるはずだ。交渉をする目的、もっと言えば、意義を見出すことが必要だ。

例えば、値段交渉ならば、自社の利益を出すためなのか？　用地買収ならば、地域の発展のためなのか？　行政の計画遂行のためなのか？　自分の中で、しっかりと交渉する目的や意味を理解しておくことが、ブレない交渉をするうえで重要だ。付随して、その交渉がうまくいくとどんな良いことがあるか、そもそも今回は本当に交渉のテーブルに着くことが利益になるのか、なども考えておくといいだろう。

③交渉相手と場所

実際に交渉となれば、当然相手があることだ。どんな交渉相手なのかを理解しておくことは、合意形成を目指すうえで必要不可欠だ。当然だが、ＢtoＢならば、相手の会社名、部署名、名前、役職、経歴、職歴など、相手の情報（プロファイル）は持っているほど良い。また、相手の趣味など興味があることを記憶しておくことは、相手を攻略するうえで重要だが、何より信頼関係構築のために極めて有効な情報だ。

少し話は外れるが、相手のプロファイルを記憶しておくことは、恋愛の関係にも役立つ。まだ知り合って間もないが気になる異性を惹きつける際に有効だ。最初にその人に会った時に、さりげなくプロファイルを聞き出す。そして２回目までにできるだけ暗記をしておき（忘れそうなら、気づかれないようにメモをしておく）、２回目に会った時に１回目で聴いた情報を引き出して話す。

例えば、「○○さん、ワンちゃんが好きで、プードル飼ってましたよね。たしか名前はチョコちゃんでしたっけ？」。あるいは「○○さんは保育士さんで、毎週金曜日は、子どもたちのために、ピアノで○○を演奏しているんですよね？」などと言うと、相手は「わたしの話を覚えていてくれたんだ！」「興味を持ってくれたのね！」という心理になり、承認欲求を満たされて相手への信頼感が湧き、ときに恋愛感情にまで発展することがある。

ビジネスに話を戻すと、相手の職歴・経歴などを覚えておくことは非常に重要で、できれば相手の家族構成や趣味などのプライベート情報も持っていると、さらに有効だろう。

この項目でもう1つ重要なことは、「交渉を行う場所」だ。すでに第4章の交渉テクニックでも紹介しているが、自分のオフィスで相手と交渉をするか、あるいは相手のオフィスで交渉するほうが良いかは、事前に吟味しておく必要がある。皆さんはどちらだと思うだろうか？　普通の交渉はどちらでも構わないが、揉めそうな重い交渉であればあるほど、相手のオフィス、つまりアウェイで交渉したほうが都合が良いことがある。

もし、交渉が揉めて紛糾した場合、アウェイであれば、こちらが席を立ち、自由に去ることができる。しかし、相手が自分のオフィスに居座ったら、対処が難しい。警備員でもいれば別だが、警備員を呼べばさらに揉める原因にもなるだろう。もし相手がこちらのオフィスに来て、ホームで交渉している最中に出て行ってほしい場合は、毅然とした態度で「お帰りはアチラです」と相手を促したり、アシスタントに内線をして、「○○さんがお帰りなようだ、お見送りして」と強引に退席を示唆したりすることもできるが、現実的にはホームではこれが限界だろう。また、アウェイであれば、ときに「今、手元に資料がないもので…」「帰社して上司に判断を仰ぎませんと…」と時間稼ぎにも使える。交渉相手と場所は、ぜひ押さえておきたいポイントだ。

④今回の交渉のゴールは何か？

前述した通り、ゴールの設定は特に重要だ。何をゴールにするかで、結果に対する満足度が変わるのだ。ゴールには大きく2つのゴールがあることは説明した。「見えるゴール」と「見えないゴール」だ。今回交渉に臨むうえであなたのゴールは一体何だろうか？　何をなし得たら交渉の成果となるのだろうか。１つではないかもしれない。実際の交渉では複数のゴールが存在することが少なくない。販売担当者であれば、①商品やサービスを販売すること、②できるだけ適正な金額で販売すること、③お客さまに満足していただくこと、④お客さまにリピート顧客になっていただくこと等々、挙げればきりがないが、このように複数のゴールが存在するのだ。

この例で言えば、商品やサービスを販売することだけをゴールにするなら、極端な話、どんな手段を使ってでも売れれば良い。しかし、顧客が満足を得なければリピート顧客になってもらうことは実現できないのだから、目先や表面的なゴールだけでなく、交渉ゴールをしっかり考えて、何を大切にするのかという順位をしっかりと付けていこう。

⑤次のステップは何か？（今回の交渉の次に何をするべきか？）

その交渉が、組織や個人にとって重要な交渉であるほど、先を見据えて交渉の計画を立てることはとても重要だ。今回の交渉が終わったら、次のステップはどのような交渉へと進んでいくのか。また、その交渉の後に処理すべき仕事や業務には一体何が必要なのかを考える必要がある。

例えば今回の交渉で、相手と大筋合意をしたにもかかわらず、合意項目が書面にされていなかったり、その確認が漏れていたりでは、せっかく行った交渉が台無しだ。今回の交渉が合意に達したら、１週間以内に合意書や契約書を作成し、相手に提示し、迅速にサインをもらうなど、次のステップをしっかりと頭に入れておくことが重要だ。

⑥交渉時間（交渉開始日時、交渉期限、スケジュール）

交渉時間は、交渉スキルの中でも一番はじめに設定されているほど重要な項目だ。とにかく焦って交渉をしなければならない状況にしてはならない。そのために、ゴールに到達するまでに、自分がどのような内容の交渉を、どのような手順とスケジュールで進めていくのかというシナリオをしっかりと組み立てておく必要がある。特に、期限がある場合は、交渉の行方を大きく左右するため、最終的にいつまでに交渉を完結させる必要があるのかをしっかり設定しておこう。

4．Ｐｒｏｆｉｌｉｎｇ…【相手分析】交渉相手の人物像や性格などを分析する

①Ｐｒｏｆｉｌｉｎｇ…相手の人物像

交渉には必ず相手が存在し、その相手と望ましい合意を図れれば、交渉は一定以上の成果を出したと言えるだろう。そのためには、相手の人物像をより深く理解しておくことが重要だ。前段の「Ｓｉｔｕａｔｉｏｎ…【状況分析】交渉背景、経緯、状況を分析する」の中で、交渉相手の役職や職歴というプロファイルを事前に収集しておくことの必要性を解説した。ここでは、より深く相手の人物像に迫っていく。合意形成にいたるために、相手がどのような価値観の持ち主で、どのような性格、行動を取るのかを理解しておくことは、交渉合意に向けてとても重要になる。第7章で詳しく解説するが、交渉相手の4つのパーソナリティを理解して、そのタイプに合わせたコミュニケーションを取っていく必要があり、それに応じた人間関係を構築する必要がある。

例えば、こんな実話がある。ある営業担当者が、重要な見込み顧客である中小企業の社長と契約を取り付ける交渉を進めていた。その社長はゴルフが大好きだと聞いたので、

その営業担当者は社長と自分の上司の営業課長とのゴルフをセッティングし、一緒にラウンドした。上司の営業課長は大の負けず嫌いの社長に対して大勝してしまい、社長の逆鱗に触れ、大口商談を失注してしまったのだ。

実はこの事例、営業課長が勝ったことが本質的な問題ではなかった。営業課長の勝ち方が姑息だったことが問題だったのだ。「自分はあまり上手ではない」と社長に対して伝え、社長とのハンディキャップを多め（自分が有利なように）に設定したために、とんでもなく良いスコアを出して社長に大勝し、社長の面目をつぶしてしまったことが問題だったのだ。もし営業課長が、実力に近いハンディキャップ、または挑戦的なハンディキャップを設定し、正々堂々と勝利したならば、社長の逆鱗に触れることはなかっただろう。

実はその社長、「体育会系で曲がったことが大嫌いの負けず嫌い」で有名だった。ところが後日、その営業課長がなかなかの上級者であったことが社長の耳に入ってしまった。社長にとっては営業課長の行為は絶対に許せなかったのだ。その後、営業課長が社長の会社に出入り禁止になったことは言うまでもない。たかがゴルフ、されどゴルフである。自分の価値観や人間性がゴルフでは随所に現れるため、顧客とのコミュニケーションには細心の注意が必要である。

このように、交渉相手の人物像や、家族構成、趣味などのより深いプロファイリング情報をしっかり理解することが大事なのだ。ちなみに私も若い頃、取引先担当者の情報を掴む前の段階で、その担当者がコンプレックスにしている話題に触れてしまい、場の空気を硬くした経験もある。皆さんはそんなことにならないように注意してほしい。

②自分と相手の利害は何か？　互いの共通利害は何か？

利害を確定するために、コミュニケーションを取ることが「交渉」である。ならば、自分と相手がどのような利害を求めて交渉をするのかを押さえておく必要がある。自分自身または相手の利害は一体何か。ここで重要になってくることは、「相手との共通利害」を可能な限り見つけることだ。これが、相互の協調体制を築き、スムーズな交渉へと貢献するのだ。

この利害の一致は、我々の職場でもよくある話だ。仲の悪い社員2人が仕事の分担に関して日頃から揉めていたとする。この2人の前に、総スカンを食らうような悪上司が赴任してきたとする。案の定、彼は部下に理不尽にあたり、職場を混乱に陥れる。そうなると、悪上司から自分たちを守るという共通の利害を確認できた時点であっさりと、これまで仲が悪かった2人の社員が仲良くなったりするものだ。これにより、仕事の分担に関しても協調体制が築けるはずだ。このように互いが合意できる共通利害を考察することは、極めて重要なのである。

③相手の関心事項や興味は何か？

今回の交渉の中で、相手がどの部分に最も興味を示すのかを理解しておくことは、交渉の駆け引きを考えるうえで非常に重要な材料となる。コストか、品質か、営業のサービス力なのか、あるいはアフターサービスなのか。そしてそれは相手によって異なる可能性もある。

事前にそれを分かっていれば、どのように説明するかを準備しておくべきだ。もし事前に、相手が何に興味を持つかが分からなければ、交渉対話の最中に次のような質問を投げかけるとよい。

「〇〇さまが、ＸＸの購入に関して、最も重視する点は何でしょうか」

「〇〇さまがこの商品を他社商品と比較される場合、どんな点を比較されますでしょうか」

もしあなたが営業担当であれば、顧客に足してタイミング良くこのような質問を投げかけてみよう。答えも参考になるが、相手のその時の反応を見ておくことも交渉に役立つ。事前に優先順位や比較項目をしっかりと準備しているのか？　あるいは、まったく考えておらず、行き当たりばったりなのか？　相手の周到ぶりも察知できるのだ。

この質問は、特に提案型営業をしている人にとっては、欠いてはならない点である。

④相手はどんな情報をどれくらい持っているか？

これは、一言で言えば、「相手の手の内を読む」第一歩だ。相手は自分が持っている情報を元に戦略を立てるはずだ。その戦略に対処すべく、こちらが取るべき戦略も考える必要がある。例えば、相場情報や競合他社の情報を相手が知っているのと、知らないのでは、交渉のしかたも変わってくるだろう。またこちらの弱みとなる情報を相手が持っているとすれば、難しい交渉となるだろう。したがって、交渉においては、相手が持っている情報と、持っていない情報を考察し、相手の戦略や戦術をいくつか想定し、自分の戦略を考える必要がある。

⑤キーマンと影響者は誰か？

すでに、第3章の交渉スキル「8　キーマン特定のスキル」で説明した、3つのＰである、Ｐｏｓｉｔｉｏｎ（役職・公式権限）、Ｐｏｗｅｒ（非公式権限）、Ｐａｓｓｉｏｎ（熱意）を見極めて、キーマンと影響者を特定し明記する項目だ。

繰り返しになるが、公式な意思決定者をキーマンといい、キーマンに影響を与える人物を影響者という。おそらく多くの会社で使われている定義と大きな差はないだろう。キーマンと影響者が同一人物の場合もあれば、別々の場合もある。キーマンの特定はビジネスでは非常に重要なので、典型的な例で再度考察してみよう。

もしあなたが車のディーラーで営業を担当していれば、顧客となる家族のうち、誰がキーマンで、誰が影響者かを当然見極めているはずだ。すでに奥さんからすべての内諾を得ていて、後はご主人の一存ですべてが決まるのであれば、キーマンも影響者もご主人だ。しかし、所有名義も運転もほとんどがご主人でありながら、ご主人と奥さんが相談しながら決めるような家庭で、かつ奥さんの意向が強く反映されるのであれば、キーマンはご主人で、影響者が奥さんとなるわけだ。

これは、会社でも同じだ。正式決裁は部長であっても、部長がその案件にまったく無関心で、課長に一任していたり、あるいは課長の声が大きく課長の思いのまま部長を動かせるようであれば、キーマンも影響者も課長と見るべきだろう。もちろん、交渉においては、いかにキーマンを納得させるかがカギとなるわけだ。逆に、キーマンと影響者が別の場合は、影響者に対してもアプローチを仕掛けることが必要になるわけだ。

以前、私が車を購入しようと検討していた時のことだ。ほかの自動車と比較検討していたところ、ある営業担当者が私に電話をかけてきて、「当社のお車にお決めいただけそうでしょうか？」と聞いてきたことがあった。まだ決めていなかったので、はぐらかそうとして、「まだ妻が納得していないので、時間をください」と言ったら、「そうですか！　それでは、私がお客様とご一緒に奥さまを説得しますので、近々ご面談ください」と言われ、焦ったことがあった。今思えば、なかなか交渉上手な営業担当者だ。

⑥相手の時間的猶予はどれくらいか？

前述した通り、交渉時間は双方にとって、交渉の明暗を分ける重要なテーマだ。相手の交渉時間、期限、猶予に関する情報はぜひ入手したいところだ。もし、相手に猶予がなく、こちらに猶予があるのならば、あえて時間を引き延ばすのも打ち手の１つである。そうすれば、相手が妥協に動く可能性があるからだ。

ただし、注意すべき点として、期限内に合意に至らなかった場合、相手がどういう行動を取るかを想定しておくことが肝要だ。「窮鼠猫を噛む」という言葉があるように、追い込まれた相手が何をしてくるか分からないことはリスクになるからだ。

5. Relation…【構造分析】相手との関係性も含めその交渉の構造を分析する

①Win-WinかWin-Loseか

これから対峙する交渉が、Win-Win またはWin-Loseのどちらかを見極めることは、こちら側がどのようなアプローチで交渉するかを決定づける。資源を増やせる可能性が少なく、押し問答となるWin-Loseであれば、合意に向けて駆け引きを使っていく必要がある。

一方、双方が協調して解決策を模索できるWin-Winであれば、お互いに知恵を出し合いながら、合意に向けての対話が必要だ。そして、どちらの場合でも重要な点は、まずはどの交渉者も「Win-Win交渉ができないか?」から考えることだ。なぜなら、交渉の構造上、Win-WinからWin-Loseへ一方通行になっているからだ。人間同士が一度Win-Loseで駆け引きを行い、時に衝突を起こしてしまうと、信頼関係を修復することはとても困難である。したがってWin-Loseというリスクがつきまとう交渉から開始するのではなく、まずは、Win-Win交渉に挑戦し、それがどうしても難しいようであれば、Ｗｉｎ－Ｌｏｓｅの駆け引き交渉に転換するのが良いだろう。

②ＳＰ、ＴＰ、ＲＰのスリーポイントを設定する

スリーポイント設定についても、第3章「11　スリーポイント設定のスキル」で解説済みだが、行き当たりばったりで交渉するのではなく、3つのポイントである、開始点（ＳＰ＝Ｓｔａｒｔｉｎｇ Ｐｏｉｎｔ）、目標点（ＴＰ＝Ｔａｒｇｅｔ Ｐｏｉｎｔ）、抵抗点（ＲＰ＝Ｒｅｓｉｓｔａｎｃｅ Ｐｏｉｎｔ）を最初に設定してから交渉に臨むようにしよう。

日本のビジネスシーンで、よく「落としどころ」という表現が使われるが、それが目標点（ＴＰ）と解釈すると分かりやすいだろう。最初の言い値が開始点（ＳＰ）でアンカーリングとなる。そして、抵抗点であるＲＰは、これ以上譲りたくないポイントだ。

ただし、この抵抗点は原則として相手に知られないほうが良い。仮に「私は１００万円より安くするつもりは絶対にありません！」と言っておきながら、その後、相手から

良い条件が出され、100万円以下の譲歩を迫られたらあなたはどうするか？　譲りたくても、100万円以下には下げないと宣言した以上、なかなか心理的に下げにくい。仮に下げたとしても、相手から「この相手は、条件を出せばどんどん譲歩するぞ」と侮られる可能性がある。本当の抵抗点は、不用意に相手に知られないように注意しておこう。

③価値交換…何を相手と交換できるか？

その交渉で、相手とどんな価値交換が実現可能かを考えてみよう。価格と納期、価格とサービス、納期と支払条件など、考えればアイディアは出るものだ。もちろん、その価値交換の提案を相手が必ずしものむとは限らないが、あらゆる価値交換のバリエーションを用意しておくことは、駆け引きカードをたくさん持っているということで、交渉にはプラスに働くだろう。特に重要な交渉の前には、「相手からXを要求されたら、Yを代わりに要求してみよう」などと、価値交換のスタンバイを忘れずにしておこう。

④ＢＡＴＮＡ…交渉が決裂しそうになった（した）場合の次の選択肢は何か？

ＢＡＴＮＡは交渉に心理的な余裕をもたらす。いざという時のために、①他者と交渉する余地を残してあるか、②この相手との交渉をやめても構わない、③強制力（職務権下、法律など）を使う、という３つのＢＡＴＮＡをできるだけ多く用意しておこう。実際に使うか否かは別として、準備しておくことが交渉の幅を広げてくれる。

ただし、ＢＡＴＮＡはＷｉｎ－Ｌｏｓｅ的な交渉アプローチで活躍するものだが、はじめからＢＡＴＮＡをちらつかせると、印象悪く終わってしまうので注意しよう。

⑤譲歩の条件と範囲

多くの交渉の場合、いずれどこかで譲歩を示さなければならない時が来る。その際も、行き当たりばったりや直感で譲歩すると、後で後悔する結果となる。交渉の前には、最悪、どこまで譲歩可能か、また、その譲歩のために相手に提示する交換条件は何かを考えてみよう。

⑥「何にフォーカスし」「どのように」論理的に説明するか？

論理的に主張することは、特にB to Bの組織間交渉では極めて重要になる。なぜなら、特にB to Bの場合は、社内で説得すべき人物が多く、一人ひとりを説得するには、筋が通った論理（ロジック）が必要だからだ。

ここで、第一にやるべきことは、論点を設定することだ。つまり、さまざまな問題がある中で、限られた時間で何にフォーカスをして交渉するかだ。選挙活動でいえば「憲法改正」「消費税増税」など、日本国内には問題が山積み過ぎて、解決すべき優先順位が分からない。そこで、論点（争点）を絞って、自分たちがフォーカスしたい、いや正確に言えば、国民が関心を寄せて、かつ、自分たちが勝てる論点を掲げるのだ。

論点とは、もともとは解決すべき優先順位が高い（インパクトが大きい）ポイントを指す。その論点が決まったら、後は論理的に主張して相手を納得させることが必要になる。論理的に説明する主な手法は前述した通り、帰納的主張法と演繹的主張法がある。

繰り返しになるが、帰納的主張法は、証拠を集めて1つの結論を説明する手法だ。例えば、「弊社のシステムを導入いただいた企業は、A社は12％、B社は9％、C社は21

％も業務が効率化しています。ぜひ御社もこの機会に当社システムを導入して、業務効率化を実現してください」「X課長もY課長もZ課長もこの案を支持してくれています。W課長も本件にご賛同いただけないでしょうか？」などのようなイメージだ。この証拠を集めることで、説得力を高めていく方法が、帰納法である。

もう1つは、演繹的主張法である。これは少し難しいが、三段論法といって、「AはBである、BはCである。だから、AはCである」という論法だ。前述したが代表例が「ソクラテスは人である→人は必ず死ぬ→だからソクラテスは必ず死ぬ」というものだ。これをビジネス交渉に応用すると、「会計処理の非効率化にお悩みの中小企業は、この会計システム導入することで、もれなく会計処理の効率化を実現しています。御社のような従業員規模の企業で会計処理の非効率化に悩んでおられるのであれば、この会計システムで会計処理の効率化が期待できます」といった具合だ。最初は構成を考えるのに少し時間を要するが、慣れてくると比較的簡単に構成できるものだ。要は慣れが大事なので、常日頃から「自分の言っていることは、話の流れに違和感（無理）がないか？根拠は明確か？」と問い続けるのが良いだろう。

しかし、この論理的説明スキルを使用する際には、非常に重要な注意点がある。それは「正論だけで人を説き伏せようとすると人は心を閉ざす」ということである。つまり、AとBの選択肢のうち、Aが正しいと信じている人に、Bを選ぶように正論で説得することは非常に難しい。

では、どうすればよいのか？ もう1つステップを踏むのだ。Aを信じていることに対して、まずは不安を抱かせた後にBの正論で説得するのだ。これは現代のビジネスでも活用できる。例えば、「現状のAにどのようなメリットがあるでしょうか？」「確かに、そのメリットも素晴らしいかもしれません。しかし、Xのような事態が発生したときはどうされますか？」「Bならば、さらに○○のようなメリットもあります」「確かにBにもデメリットはありますが、現状を考えれば、Bを選んだほうが良いのは明白です」というような流れだ。

つまりは、「確信→疑念→不安→新選択肢→解消」の流れを丁寧に進めていく必要がある。事を急いて、いきなりBの正論を振りかざせば、相手は心を閉ざして、あなたの話に耳を傾けることすらしなくなるかもしれない。実はこれは、戦国時代に「調略」で使われていた手法なのだ。

⑦質問1…相手に質問すべき重要な事項は何か？

この質問事項の準備は、交渉の中で極めて重要だ。いかなる交渉においても、質問は必ず準備しておいてほしい。行き当たりばったりで交渉をすると、つい質問を忘れてしまい、大事な情報を聴きもらしてしまうということがある。情報収集は対話の中での自然な流れで質問するほうが収集しやすい。仮に質問を忘れて、1つだけ追加で質問すると、場合によっては何か探っているようで怪しい感じがすることもある。したがって、対話の中で自然に情報を聴き出せるように、質問はかならず事前に準備しよう。実際に私も重要な交渉を行う場合は、質問リストを必ず作る。もしBtoBで交渉するビジネスならば、上司や同僚とディスカッションしながら、質問項目を抽出しておくことをおすすめする。これだけで交渉のクオリティは格段に向上する。

⑧質問2…相手からの想定質問と重要質問への応答準備

自分の質問だけではなく、相手から聴かれそうな質問に対する答えを準備しておくことも極めて重要だ。まさに「理論武装」だ。例えば「なぜこのサービスを弊社が導入しなければならないのか？」や、「ほかのサービスではなく、このサービスでなければならない理由は何か？」と聴かれた場合に、しどろもどろになると、相手は不安になったり、不信を感じたりする。しかし、迅速かつ論理的に説明できれば、説得力や信頼性が格段に向上することは間違いない。ぜひ、想定問答集は作成しておこう。

⑨合意するために解決しなければならない最重要事項は何か？

交渉も、その規模によっては合意項目がたくさん発生する。例えば、商品の内容、価格、納期、納品場所、保証品質などなど、多岐にわたることも珍しくない。その中でも、この交渉に関して双方が「合意」と認識するには、どの項目の合意が重要なのかを考える。「商品と価格」なのか、はたまた商品はすでに決まっているが「価格と納期」なのか。この合意とみなされるための重要項目をあらかじめ決定しておこう。また、その合意に向けてどんな障壁が存在し、その障壁をどう解決するのかも、できれば考えておきたいものだ。

６．Ｉｄｅａ…【選択肢創造】問題解決のための解決アイディアを創造する

①現在協議しているアイディア以外に、新たな選択肢はないか？

交渉がこう着してくると、緊張感が高まり、視野が狭くなり、解決のための方策が出てこないことがある。そうなると、相手を無理やり納得させようとしたり、逆にこちらが安易に妥協したりする可能性がある。そうなると、Ｗｉｎ－Ｌｏｓｅ交渉になってしまう。いかなる時でもあっても、交渉においては、問題を解決するための「第三の選択肢」という知恵を考えることを忘れてはいけない。交渉相手と協調しながら、第三の選択肢を考えることができれば理想的なＷｉｎ－Ｗｉｎ交渉だ。

②専門家の協力は得られないか？　第三者の協力は得られないか？

交渉によっては、当事者の考えだけでは解決策が見つからない場合がある。そんな時は、外部の専門家を活用して、専門的かつ的確な問題解決の知恵をいただこう。社内専

門家（技術者、研究者）、弁護士、弁理士、司法書士、税理士、会計士、コンサルタント、顧問、OBなど、第三のリソースが活用できないかを検討するのだ。

専門家の意見は第三者的視点で知恵を絞ってくれるだけでなく、余計なリスクを回避できるというメリットもある。必要ならば、躊躇せずに専門家の力を借りよう。

7．Tactics…【戦術準備】有効な交渉スキルや戦術を準備する

①信頼関係構築をするために、会話の中で留意する点は何か？

これは交渉をスムーズに運ぶために必要なコミュニケーション手法だ。第一に大切なことは、対決的にならず、傾聴や承認などの対話における心構えや意識することを明確にしておくことだ。相手の話をじっくり聴いて、うなずき、しっかりとメモを取る。そして、相手の話をオウム返し（復唱）をして、しっかりと受け止める。また、前述した「きどにたちかけし…」（第3章）などの共通話題で距離を縮めておくことも大切だ。特に自分の対話スタイルで悪い癖があれば、「すぐにヒートアップして対決姿勢になって

しまう」「悩むと腕を組んで話を聴いてしまう」などのように明記しておけば自戒にもなるだろう。

②交渉を有利かつ効果的に進める心理戦術は何か？

Ｗｉｎ－Ｗｉｎ交渉であれば、この出番はあまりないが、やむを得ずＷｉｎ－Ｌｏｓｅ交渉を進めなければならないときは、交渉を有利に進め、主導権を握ることが利益を失わないためにも重要となる。そのためには、前述したいくつかの交渉スキルが役に立つ。

まず、できるだけ用意しておくことは「切り札（ＢＡＴＮＡ）」だろう。交渉では可能な限りＢＡＴＮＡを用意し、心の余裕を持っておくだけでも有効であるし、いざとなればＢＡＴＮＡをちらつかせれば、相手の譲歩を引き出せることもある。また、アンカーリング、スリーポイント設定など、これまで出てきた交渉スキルを活用できるかを再点検してほしい。

以上にように、ＳＰＲＩＴシートには、望ましい交渉を進めるための、重要準備項目や交渉中に収集すべき項目などが満載されている。重要な交渉ほど「交渉の前」「交渉中」「交渉後」にこのシートを活用して、準備漏れや収集漏れがないかを点検してほしい。

第7章

交渉相手のタイプを見分けて上手に交渉を行う

1．交渉相手を理解する

交渉は、相手が首を縦に振れば合意となる。皆さんの仕事で考えてみてほしい。上司、同僚、部下、顧客…。あなたの言うことすべてに全員が首を縦に振るとしたら、どれだけ仕事がはかどるだろうか。あなたの仕事の成果も、今とはまったく違うものになるだろう。映画の世界ではないので、このようなことは現実では起き得ないが、1人でも多くの交渉相手が合意してくれる確率を高めることは可能だ。そのためには、交渉相手の人間性をしっかりと理解し、それに合わせた交渉を行うことが肝要だ。それを実現するために、まずは人間性というものが、どのように構成されているのかを考察してみよう。

人の性格構造の考え方

「人を観る」。これは交渉をするうえで必要不可欠だ。特にB to Cのビジネスパーソンは、交渉相手である個人の意思決定が合意を決定づけるため、その決定起因となる相手の性格を見定める人間観察力は交渉の明暗を分ける。その人がどのような性格で、何に価値を感じ、何をきっかけに意思決定を行うのかを見定める能力が求められるわけだ。

その人間観察力を磨くために最も有効な手段は、公私にかかわらず１人でも多くの人と対話し、さまざまな人間性を自分の脳にインプットしておくことだ。しかし、経験が少なくても、人間のパーソナリティ（人柄・性格・人間性）のメカニズムを知ることで、人を観る力は比較的短期間で磨くことができる。そこで、まずは人の性格の構造について知っておこう。

人の性格構造は、これまでさまざまな学者が研究し、説明してきた。その中でも、私たち一般のビジネスパーソンが理解しやすいモデルが、７つの因子から説明するクロニンジャー理論や、宮城音弥博士が提唱した性格４構造モデルだろう。ここでは、カウンセリングなどでよく登場する４構造モデルを使って人の性格を見ていきたい。

まず、皆さんは人の性格はどんな要素によって左右されると考えるだろうか。日本人は血液型と性格が関係すると考えている人が多いようだ。これまでの歴史で、血液型と性格を研究してきた学者もおり、数々の研究成果も発表されてきたが、肯定材料と否定

〈図3〉

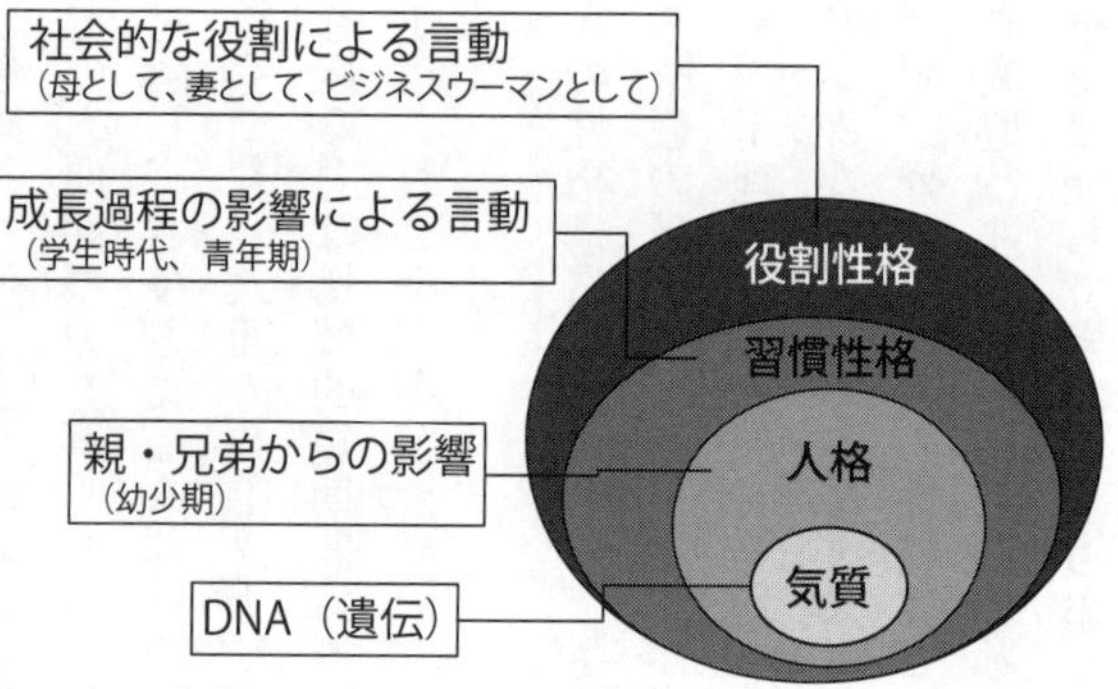

材料があり、科学的に立証できていないのが実態だ。

日本やアジアの一部では、血液型と性格の関連性を信じている人も多いが、それはおそらく実体験に基づくものであろう。もしかしたら、将来新たな科学技術によって証明される可能性もゼロではない。

なお、ここでは、前述した心理学や生理学によって、学術的に広く利用されてきた理論を採用する。

人の性格の根本にあるもの、それはDNAだ。ある調査によると、性格の40～50％はDNAに依存するともいわれている。心理学的にはそのDNAのエリアを気質と呼ぶことが多い。そして、その気質の外の層が人格である。これは、親兄弟からどのような教育を受けたかが大きく影響してくる。

さらに、その外側に位置するものが習慣性格だ。

これは、思春期くらいから大人になるまでに、どんな経験をし、どんな勉強をし、どんな友達と遊んだかなどの育成環境で育まれる性格だ。

そして、最も外側を覆う性格が、役割性格と言われるものだ。これは、社会的性格とも言われ、社会に適合するため、今の役割に適合するための、いわば「大人の振る舞い」だ。あなた自身も、仕事をしている時の顔と、お正月に実家のコタツに入ってみかんを食べている時とでは、パーソナリティは異なるだろう。仕事をしている時は、ビジネスパーソンとして、あるいは部長として課長としての顔で仕事を進めているだろう。それが役割性格である。

プロファイリングの達人になると、相手の気質と、役割として担っている性格までを区別して見分けることができる。例えば、「あの部長は、表面上は厳しいことを言っているけれども、実は意外に情け深いところがあって、個人的に信頼関係を築けば受注に近づくぞ」などと、性格と気質の両方を見抜く人もいる。そのように、プロファイリングに卓越した人は、無意識にこれまで自分が出会ってきた人間の性格を自然に分類、分析し、対応を都度適応させているのだ。

そこで、交渉相手のパーソナリティを見分けるための技法である「プロファイリング技術」について紹介しよう。

2. プロファイリング技術とは

皆さんは、〝プロファイリング〟という言葉を聞いたことがあるだろうか。推理小説や、刑事ドラマなどではよく出てくる言葉だ。その中に出てくる言葉は「犯罪プロファイリング」と言われるもので、犯罪捜査において、犯罪の性質や特徴から行動科学的に分析し、犯人の特徴を推論することを指すことが多い。

しかし、プロファイリングとは、何も犯罪だけの話ではない。ビジネスにおいても、相手の会話、表情、行動の特徴から、相手の性格を推論することは非常に重要である。それをここでは、ビジネス・プロファイリングと呼ぶ（この後は統一して〝プロファイリング〟と呼ぶ）。

繰り返しになるが、交渉においても相手がどのような人物像かを知ることはとても大切な要素だ。とりわけＢtoＣで一般消費者を相手にしている人にとっては、交渉の成否を分ける極めて重要な要素となるだろう。そこで、経験ある交渉の達人たちが、相手のパーソナリティをどのように見分けているのか、そのパーソナリティを見分けるプロファイリングの基礎技術を体系的に紹介しよう。

なお、このプロファイリング技術は、ＢtoＢでも当然有効であることと、交渉に限らず日常のコミュニケーションにおいても、おおいに役立つので参考にしてほしい。

３．交渉人４つのパーソナリティ

人のパーソナリティは、大きく次の４つのタイプに分けることができる。

①巧妙型（通称…キッチリ型）

（英語…Ｎｅａｔｎｅｓｓ＝きちんとした、整理整頓された、巧妙な人）

・緻密で論理的、合理的に交渉するタイプ。

・納得するために、熱意よりも、論理や明確な根拠（数値やデータ）を求める。
・守りの時は、じっくりと思慮深く慎重に考え、不利になる発言は控える。
・攻めに転じた時は、人の説明の弱点や論理のほつれを指摘する。

②活力型（通称…ポジティブ型）

（英語…Ｅｎｅｒｇｉｚｅｒ＝活気活力、元気づける人）
・おおらかで、エネルギッシュで、前向きに交渉するタイプ。
・納得するためには、理屈よりも、その人の情熱さやどれだけ本気なのかを感じることを求める。
・守りの時は、言葉や表情で感情を表すことで雰囲気を和らげようとする。
・攻めに転じた時は、熱意、ジェスチャーを多用して勢いでプッシュする。

③温厚型（通称…ソフト型）

（英語…Grandeur＝人格の雄大さ、高貴さ）

・遠慮がちで、おおらかで、落ち着いて交渉するタイプ。
・納得するためには、誠実性と安定、安心できる結果を求める。
・守りの時は無口になり、うつむき、反応に苦慮する。
・攻める時は、確信をついたポイントを丁寧に説明して理解を求める。

④主導型（通称…ガッツ型）

（英語…Organizer＝主催者、組織化する、まとめる人）

・積極的で、目標達成に向けて強力に推進すべく交渉するタイプ。
・納得するためには、高い成果や機能的なメリットを求める。
・守りの時は、腕を組んで険しい表情で次の攻めの一手を考える。
・攻める時は、あらゆるチカラを使って相手を説き伏せようとする。

まずは、あなた自身がどのパーソナリティに当てはまるだろうか？

4. 交渉相手のプロファイリング・ステップ

プロファイリング技術は、交渉相手のパーソナリティを見抜いて、適切な交渉やコミュニケーションを取ることである。このプロファイリングを実践で使うには、次の3つのステップで適用していく。

Step1【観察】→Step2【分析】→Step3【攻略】

Step1…【観察】相手の動作や言動を観察する

このステップでは、相手がどのようなパーソナリティかを見極めるポイントを解説していこう。まずは自分自身に当てはめて考えよう。

次の①〜⑤の2択について、自分自身に合致するほうを選んでほしい。なお、（）内のN・E・G・Oは、前述の4つのパーソナリティーの頭文字を表している。

①反応のスピード
・クイック（EO）…直感で即反応する。あまり深く考えず発言する。書類を書くのが速い。立ち上がる、座る、歩くなどの動作が速い。
・スロー（NG）…じっくり、ゆったり反応する。いったん考えてから反応する。書類を書くのがゆっくりで丁寧。動作がゆっくりで丁寧。

②言葉遣い
・ストレート（EO）…嫌い、要らない、役に立たない、そこはどうでもいい。
・オブラート（NG）…あまり好きじゃない、必要ないかな、役に立つかな～、うーん、そこはあんまり…。

③表情
・ホット（EG）…表情の変化が多く、喜怒哀楽が多め。
・コールド（ON）…あまり表情の変化がない。喜怒哀楽は少なめ。

④ジェスチャー
・アクティブ（EG）…ジェスチャー多め。興奮すると、話しながらジェスチャーが多

〈表7〉

クイック（EO）	スロー（NG）
ストレート（EO）	オブラート（NG）
ホット（EG）	コールド（ON）
アクティブ（EG）	フリーズ（ON）
アバウト（EO）	レギュラー（NG）

くなる。

・フリーズ（ON）…ジェスチャー少ない。落ち着いてロジカルに話す。

⑤**相手の手元**

・アバウト（EO）…手帳・メモはポイントだけを速記的に記述。ハンカチ、ペン、書類などは必ずしも整理されていない。

・レギュラー（NG）…手帳・メモは綺麗に記述されている。ハンカチ、ペン、書類などが丁寧に揃っておいてある。

さて、5つの2択に関して、あなたは、どちらが自分を表していると選択しただろうか。

上の表7でチェックしてみよう。一段一段について、左か右にマル印を付けてみよう。そして、○を付けたN・E・G・Oの数の合計を数える（本章では、混乱しないように、アルファベットのオーは「O」、数字は「ゼロ」、○×の○は「マル」と表記する）。

例えば、一番上の段の「クイック・スロー」に関して、クイックにマルを付けた人は、EとOに1点ずつ加算される（なお、1番目または2番目のアルファベットが同点になった人は、ご自身でどちらかといえばこちら、と自己判定で決めてほしい）。

このパーソナリティだが、私自身をこの表7でチェックしてみたら、クイック、ストレート、ホット、アクティブ、アバウトが当てはまった。ということは、点数を計算すると、Nがゼロ、Eが5つ、Gが2つ、Oが3つなので、最も点数が高い2つのアルファベットを採用して、私は「EOタイプ」ということになる。

つまり、最も要素として強いのが「活力型」で、続いて「主導型」の要素を持っているということだ。確かにこれは当たっている。実際に、私は仕事も遊びも何でもテキパキ進めることが多い。同時に、せっかちでおっちょこちょいなところもある。明るくポジティブだといわれ、大雑把なところがある。また、人の後についていくよりも、自分で周りを引っ張って行くタイプだ。このように、活力型と主導型の両方を多く持っており、NとGの要素は非常に少ないと自覚している。

ちなみに、私の家内は、（スロー、オブラート、ホット、アクティブ、レギュラー）だ。ということは、Nが3つ、Eが2つ、Gが5つ、Oがゼロなので、GNタイプということになる。つまり、「温厚型」＋「巧妙型」だ。実際に、私の家内は、温厚でどちらかというとシャイな性格だ。料理や裁縫など細かい作業がとても得意で、物事を丁寧に、きっちりと進めるタイプである。

整理すると、大きく分ければ、N（巧妙）、E（活力）、G（温厚）、O（主導）の4つのタイプに分かれるが、これらの要素は人間多かれ少なかれ全員が持っている。したがって、1つに限定するのは危険なので、できれば、高い2つを推察して対応できればより精度は向上するだろう。

参考までに、私は類似のパーソナリティ診断を社員・職員研修において毎年数多く実施しているが、ある程度パーソナリティの分布に傾向性があることが分かった。あくまでも独自の概算調査だが、日本では、温厚型（G）が全体の50％程度、次に活力型（E）が25％程度、巧妙型（N）が15％程度、最後に主導型（O）が10％程度、というのが平均的な分布になるようだ。まさに日本の国民性を表しているのかもしれない。

余談だが、以前地域別に統計処理をしたところ、関西エリアだけ「活力型」の値が、若干だがほかの地域に比べて高いことが分かった。関西の明るく楽しい気質が地域全体に浸透しているからだろうか。

なお、実際には男性と女性では、このプロファイリングにおいて多少の差異が発生するのだが、複雑になってしまうので、ここでは性差は考慮していない。より本格的に学びたい方は、心理学の本や社会人大学などで学ぶことをおすすめする。

Step2…【分析】相手のプロファイリングを行う

ここでは、相手の言動をよく観察、分析して、相手の5つの項目を選択していく。

例えば、デパートの洋服店で、洋服を購入する顧客をプロファイリングするケースを考えてみよう。まずは次の4人のケースをよく読んで、A子、B子、C子、D子の誰がどの4つのパーソナリティ（巧妙型、活力型、温厚型、主導型）であるかを当ててみてほしい。

○A子…狙った商品へ一直線に向かう。興味がある服は、すぐに手に取って吟味する。「これ、ほかの色ってあるの？」と、店員が明らかに年下と見ると、無意識に「タメ口」になってしまうこともしばしば。店員が「ご試着もできますよ」と言っても、心の中で「そんなの分かってるわよ」と言わんばかりに、自分が選ぶことに集中しているため、結果的に無視しているようにも見える。せっかちなので、興味ある服は何着も一度に試着室へ運び、一気に着まわす。いざ試着を完了すると、店員の意見を聞くよりも、自分の意見を店員に話すが、意見を聞きたいわけではなく、同意を得ることを目的とすることが多い。決断力があるため、比較的短時間で決定する。また豪快なところもあり、買うときは、ボーナスなどで一気に大人買いし、数着同時に買うことも多い。会計の際には、店員がモタついているとイライラしてくる。店員がテキパキ会計処理することを期待する。また、会計時は、あまり余計な雑談はしない。雑談をしながら、処理が遅れると「そんなこといいから、早く会計して」と言いたくなる。なお、A子は、主導型で言葉遣いがストレートなため、店員の態度や、店の問題点などをズバリ指摘することもある。しかし、その決断力と行動力は仕事上の問題解決などには必要不可欠な要素であり、ほかのタイプからも一目置かれることが少なくない。

○B子…来店時から何だか楽しそうな表情。「ご試着もできますよ」と声を掛けられると、「はーい、気に入ったのがあったら試着してみまーす」と反応して、探しはじめる。そして、気に入ったものが見つかると、店員が声を掛けなくても、「あ、これ試着いいですか？」と自分から声を掛ける。その際は、できるだけいろいろな種類の商品を試着する。「これと、これと、あと、これも一緒に試着していいですか？」と、いろいろな商品に目がいき興味が湧く。試着室に入ると鏡で自分の姿を嬉しそうに眺める。気に入った時は表情が明るく、気に入らない時は、首をひねったり難しい顔になったりと、表情や仕草ですぐに分かる。購入するプロセスで、店員さんと会話を楽しんでいるようにも感じられる。店員さんから、前向きな言葉を掛けられると、気分が高揚し、調子に乗ってくる。意思決定は比較的早い。会計の時も、店員さんと雑談をしながら待つことが多い。帰宅して買ってきた洋服を家族に見せて、「ねー可愛いでしょうー」と自らアピールすることも多い。

○C子…やや不安そうに来店する。商品を見るときも、あまり商品に触れてはいけないかのように、そっと商品を手に取る。動きはソフトでゆっくり。いくつか気に入った洋服があるようだが、なかなか試着をしない。そこで店員が「ご試着もできますよ」と声を掛けると、小さな声で「あ、はい」と言って警戒していったんは遠慮する。しかし、しばらくして2回目に声を掛けられると「あ、はい、そうですね、じゃあ試着してみます」と後押しされて試着をする(自分は試着をしてしまうと、店員さんの押しに負けてつい買ってしまうことをよく分かっている)。試着をして鏡を見ながら、「うーん」と悩んでいる。しかし、なかなか気持ちを言葉にできないようだ。店員に「お似合いですよ」と言われると、少し笑みを浮かべて、はにかみながら「そうですかぁ」と言う。店員が「このお色はこの1着だけなんですよ。もし、このお色をお持ちでなかったら、おすすめですよ」とプッシュされると、「あ、はい、じゃぁ、これください」と後押しされて購入を決定する。購入した後も、自分が正しい判断をしたのか不安で仕方がないため、家に帰って家族に「ねー、ねー、これ買ったんだけど、どうかな？かわいい？」と聞いて、「いいね、かわいいね！」と言われてようやく安心する。

○D子…来店する時にも表情の変化は少なく、まずは全体を眺めてから、自分として合理的な順番で、洋服を見て回る。じっくりと品物を観察する。観察してはじっくり考えるのを繰り返している。そして、おもむろに2つの商品を手に取って見比べる。デザインだけではなく、洗濯表示タグと値段を見る。その2着のどちらかの購入可能性を決めたら、試着に移る。その時点でも表情の変化はあまりない。納得していない様子が見受けられるが、それでもじっくりと考え、質問がはじまる。「この洋服は、どんな服と合わせるといいですか？」「いつころまで（季節）着られますか？」「セールはいつまでですか？」。自分の中で浮かんだ疑問をクリアにしないと前に進めないようだ。そしてようやく「これください」と決断した。あまり気に入っていなさそうにも見えたが、納得したのか購入を決断した。そして、購入する商品に、小さなほつれや傷がないかをチェックする。会計時、事前に自宅に送られてきた割引ハガキやポイントカードを必ず呈示する。また無駄な包装は好まず、必要最低限の包装を望む。商品を渡しても嬉しそうな表情はなく、冷静で物静か。

（答えは226ページ）

Step3…【攻略】相手のタイプに合ったコミュニケーションで上手に合意へ導く

さて、ここであらためて4つのパーソナリティ特徴を表8で整理してみよう。あなた自身、またはあなたの身近な人はどんなタイプだろうか？　ぜひ、ご家族や友人をプロファイリングしてみよう。

ちなみにこの表8の上から2段目に、通称（キッチリ、ポジティブ、ソフト、ガッツ）

〈表８〉

アルファベット	N	E	G	O
名称	巧妙型	活力型	温厚型	主導型
通称	キッチリ	ポジティブ	ソフト	ガッツ
印象	冷静	明るい	温厚	強引
行動特徴	細かい	大雑把	丁寧	せっかち
発言	理論的	前向き	遠回し	断定的
意思決定のポイント	合理性	フィーリング	安心	機能・仕様
最終決定	説明に納得	格好いい	誰かの後押し	ほかの人と違う
購入の決め手となる一言	懸命（手堅い）な選択だと思います！	気に入っていただけてうれしいです！	良いご決断だと思いますよ！	ご決断が早いですね！

が書かれている。この通称が覚えやすく、例えば、巧妙+温厚型ならば、「キッチリ・ソフト」を覚えることができ、親しみやすい。いずれにしても、交渉者としては、人間は大きくこの4つの要素の強弱でパーソナリティが形成されていると考えていいだろう。

では、相手のパーソナリティをプロファイリングしたのち、具体的にどのように交渉をすればよいのだろうか。ここでは話を分かりやすくするために、一般的なコミュニケーションに置き換えて、各パーソナリティとの対話のコツを紹介しよう。

巧妙型との交渉・対話のコツ

交渉相手が「巧妙型」と判断できたら、気持ちや情熱を前面に出すことは控えよう。とにかく相手が納得する合理的な理由が必要なのだ。意識すべきことは、「根拠と合理性を解説する」。そのために、5W1Hを丁寧に説明することを心がけよう。これができれば相手はあなたをきっと信頼するはずだ。

巧妙型への最終兵器は「データを示して論理的に説明すること」だ。巧妙型はフィーリングよりも事実を重視するため、表やグラフ、または数値をうまく示すことで、相手の納得性を高め、合意確率を高めることを意識したい。

なお、巧妙型と信頼関係を構築するには「本人のこだわりを見つけて認めてあげる」ことが大切になる。この巧妙型タイプは、控え目だが自分なりのコダワリが強い。仕事のやり方、注力ポイント、私生活などにこだわる。また、それが良いことであっても自分から自慢することは少ない。

そこで、当人がこだわっている点を探し、そこを褒めてあげよう。例えば、仕事を依頼する場合には「○○さんが、前回作成してくださった資料のデータやグラフは、とても信頼性が高くて説得力があったので役員の稟議が通りました。今回もお力をお借りできませんでしょうか」という具合だ。本人がこだわっている点は、対話の中から発見することが必要だ。

活力型との交渉・対話のコツ

交渉相手が「活力型」と判断したら、打ち解けた感じで明るく話をしよう。ただし、「打ち解ける」と「馴れ馴れしい」とは違うので、注意が必要だ。

対話で意識すべきことは、状況的に許されれば、世間話からはじめ、最新の身近な話題やニュースなど楽しい話題やサプライズな話題をすると相手も喜ぶだろう。そして、相手のフィーリングや気持ちを引き出す対話を心がけてみよう。きっと、想っていることをたくさん言葉に出してくるだろう。

商品に対する相手の感性を確認しよう。例えば洋服ならば「実際に着た感じはいかがですか?」と聞いてみよう。デザイン、着心地など思ったことを口にするはずだ。そして、その言葉を肯定してあげよう。例えば、「これ、着心地いいですね〜 デザインも素敵だし」と言ったら、店員は「ありがとうございます。これ、まさに着心地とデザインの両方を追求した商品で、お客さまの感性にピッタリだと思います」などと、相手の感性を褒めてあげよう。

そして、対話のときは、前向き、ポジティブに話すことを忘れないようにしよう。例えば、仕事を依頼する場合には、「○○さんが、前回作成してくださった資料、役員がすっごく褒めてましたよ! 今回も○○さんからまた斬新なアイディアをいただいて、稟議をバシッと通したいのですが、お力を貸していただけませんか? 稟議が通ったら、美味しいお酒でも一緒に飲みに行きましょうよ！」という具合だ。

温厚型との交渉・対話のコツ

相手が「温厚型」と判断したら、慌てずじっくりと相手を安心させることにフォーカスしよう。決して相手を急かしてはいけない。そして、できることなら、着実かつ、段階的にアプローチをすることが望ましい。そのために、常に優しくソフトに接することを心がけよう。

ゆっくりとしたペースで話すことも大切だ。相手が意思決定に困っているときは、安心できる言葉を掛けてあげることが大切だ。例えば洋服なら「これ定番で、皆さんよく購入していきますよ」や、「私も、それと同じお洋服を持っているのですが、すごく気に入っていて、普段着として使っていますよ」など、安心させる言葉があると後押しになる。温厚型は、不安になると意思決定を回避する特性があるために、安心させてあげることが肝要となる。その観点から、相手に方向性を示してあげることも効果的だ。「もし、現在紺色のお洋服が多いようであれば、今年の夏は白が流行すると予想されていますので、白を1着持っていると安心できますよ」などだ。

そして、温厚型に対して忘れてはならない言葉がある。それは「感謝」の言葉だ。温厚型は人の役に立ったことに充実感を覚える。そこで、購入を決定した段階で「本当にありがとうございます」と心からの感謝を表すことが大事だ。誰でも感謝されれば嬉しいものだが、温厚型は特に敏感だ。さらに「助かりました」という言葉にも敏感だ。例えば、会計に時間がかかってしまった場合に、「○○さま、お待ちいただきありがとうございます。レジが混雑していたので、本当に助かりました。ありがとうございます。ぜひまたご来店をお待ちしております」と言えば、温厚型のハートをわし掴みだ。

主導型との交渉・対話のコツ

相手が「主導型」と判断したら、頭をフル回転して、テンポよく対応することが大切だ。せっかちな主導型を無駄に待たせたり、のんびり対応したりすると、すぐにイライラされる傾向がある。そのためには、結論を明確に、常に要点を絞って簡潔に対話することが必要だ。

一方、主導型は決断力があり、行動が速い。ほかのタイプよりも迅速に決断し、購入を決める。また、奥さんが洋服購入で悩んでいるときも、主導型のご主人の「買いなよ」という一言で奥さんが決断するシーンは多いはずだ。このように、主導型の決断力と行動力は非常に頼りになるため、うまく味方につけることができれば交渉はスムーズに進むのだ。

しかし主導型は通称ガッツ型と言われるほど、アグレッシブなタイプなだけに、表現がストレートで、時に威圧的と感じる場合がある。特に、主導型の正反対である温厚型には、主導型の言葉を威圧的に感じることが少なくない。

洋服を買う時には「こちらの商品は、デザイン重視の商品です。お値段は今日まで20%引きで、あと残り1点となっています」と言われたら、その商品を気に入れば「じゃ、これください」と、場合によっては試着もせずに購入する場合すらある。それくらい決断はスピード命と考える傾向がある。

このタイプの客が購入を決定したら、最短時間で会計と包装を済ませる必要がある。ここでモタモタすると主導型要素が高い客はイライラしてくる。基本は、手と口を同時に動かすことが求められる。特に、購入を決定した後に、不用意な雑談をもちかけたりすると「そんな話はいいから、さっさと会計して」とビシっと言われることもあるので、覚悟しよう（良識ある主導型は、そこまでのことは言わないが）。
主導型との合意形成を図るためには、ほかのタイプ同様に相互の信頼関係は重要である。そのためには、話や行動の迅速化だけではなく、あなた自身が能力を持っていることを示す必要があることも覚えておこう。なお、人は出世してマネジメント力や責任を求められる立場になると、主導型要素であるOが向上していくことがあるので、留意しておこう。

繰り返しになるが、この4つの要素は誰でも多かれ少なかれ持っている。ただ、パーソナリティによって、「どこが一番反応するか」が違うわけだ。最後の最後には、人は自分のパーソナリティによる信念、考え方、直感のバランスで意思決定すると考えられる。

※214～218ページの答え＝A子＝主導型（O）、B子＝活力型（E）、C子＝温厚型（G）、D子＝巧妙型（N）

第8章

経営戦略と交渉力

1. 組織の交渉力を強化することが経営者の責務

本書では、ここまで個々人の交渉戦略や交渉戦術に関して語ってきた。しかし、ビジネスの交渉となると、いかに個人が力量を向上しても限界があるのもまた事実だ。ここから先は、ぜひ経営者や管理職などの組織の戦略責任者に読んでいただきたい。

「うちの営業はすぐに価格を下げてくる」「いつも顧客の言いなりだ」など、会社のトップが嘆く言葉をよく聞く。非常によく聞くセリフだ。たしかに、営業担当者の力量によって、顧客の買い手という立場の押しに負けて、商品の価格を下げてしまうことは多々あるし、交渉スキルの改善向上の余地があることは明白だ。

一方で、組織全体の交渉力を向上させることは、経営戦略上極めて重要である。特に、営業全体が商品の価格を下げて受注してしまう傾向があるならば、そこには、個人的な交渉力以上に組織的な交渉力の弱さが背景にあることが考えられる。次頁の図4を見ていただきたい。

〈図４〉

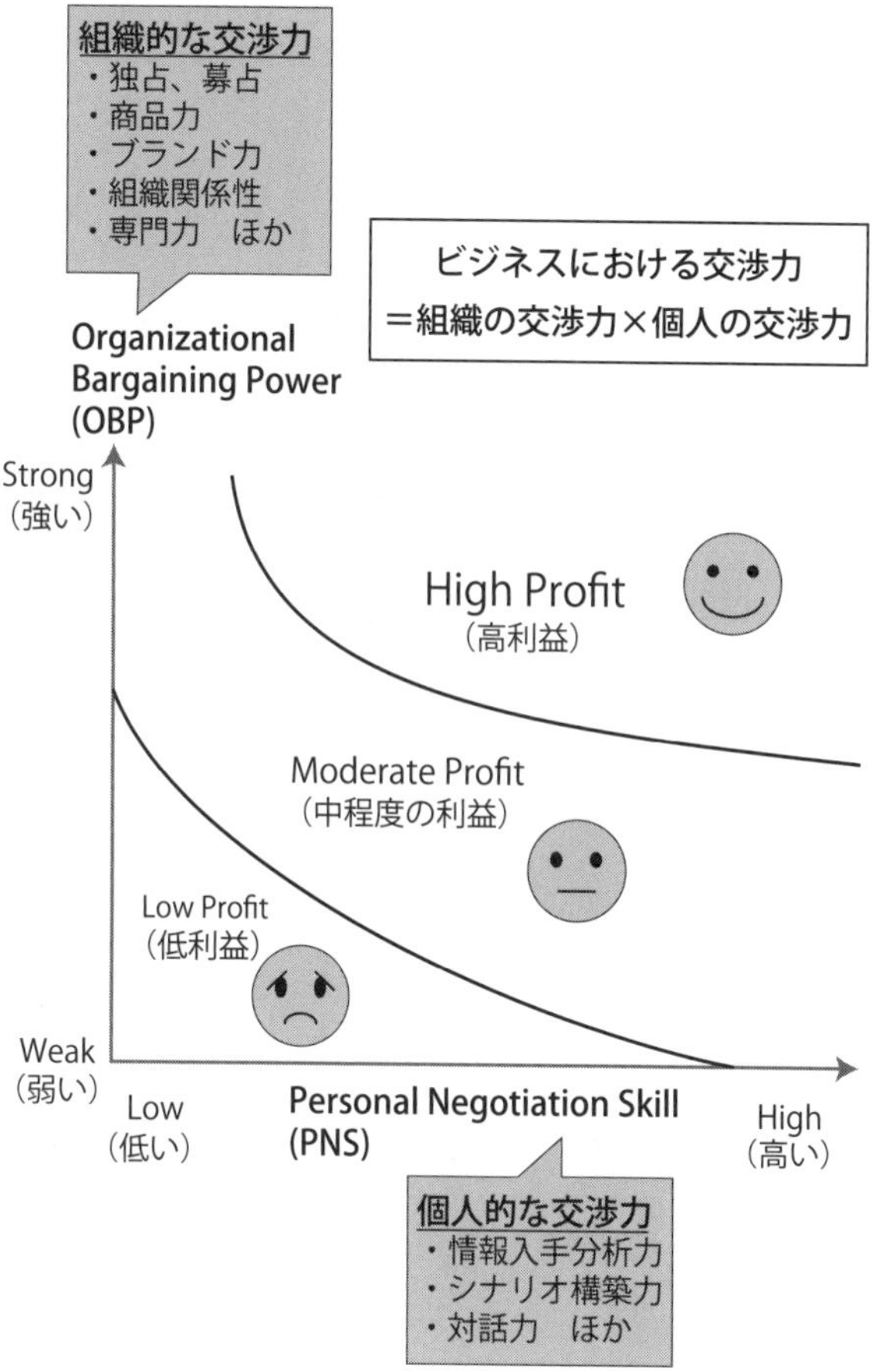
組織的な交渉力
・独占、寡占
・商品力
・ブランド力
・組織関係性
・専門力　ほか
ビジネスにおける交渉力
＝組織の交渉力×個人の交渉力
Organizational Bargaining Power (OBP)
Strong（強い）
High Profit（高利益）
Moderate Profit（中程度の利益）
Low Profit（低利益）
Weak（弱い）
Low（低い）
Personal Negotiation Skill (PNS)
High（高い）
個人的な交渉力
・情報入手分析力
・シナリオ構築力
・対話力　ほか

あなたが経営者やリーダーで、多くの利益がほしいと思ったときには、組織としての交渉力と営業個人の交渉力の両方が高くなければ、高い利益は望めない。

例えば大人気のデザイナーズ・ブランドショップがあるとする。そのブランドを求めて顧客は店を訪れる。そのブランドにほかには負けない価値があれば、値段を下げる必要もないだろうし、そもそも客がそこまで値下げを求めてはこない。さらに、ショップの販売員のスキルが高ければ、1つでも多くの商品を販売することができるだろう。

しかし、ブランド力が低い場合は、いかにショップの販売員個人が頑張るかがカギとなってくる。ブランド力が低いうえに、販売員個人の力量も低い場合は最悪だ。これは、BtoBの法人ビジネスでもまったく同じことが言えるだろう。

このように組織と個人、どちらか一方の交渉力が高くても、前図の通り、いいところ中程度の利益が限界だ。「うちの営業は交渉力が弱くて…」と嘆く経営者は、今一度、組織全体の交渉力を点検してみてはいかがだろうか。

2. 組織の交渉力を点検する

企業が交渉力をつけるには、一言で表せばマーケティング力になるわけだが、具体的には「商品力・構造力・営業力」の３つがカギとなる。図４でいえば、商品力と構造力が「組織的な交渉力」となり、営業力は「個人的な交渉力」と考えると分かりやすい。

商品力は文字通り、商品やサービスが持つ競争力だ。商品のデザイン・機能や性能、価格、ブランド力などがそれに入る。企業は当然、経営資源を投じてこれを開発するわけだが、ニーズのマッチしない開発や時代遅れの開発は、いくら選択と集中を行っても勝ち目のある製品は作れない。市場分析を行い、ターゲット顧客を選定し、その顧客が顕在的・潜在的に欲しがり、なおかつ自社が開発できそうな分野に資源を投資する「目利き」が必要になるわけだ。まさに経営者の腕の見せどころである。

構造力は、主に会社内の構造を指す。材料の仕入購買力や原価管理のしくみだ。さらには、物流システムやＩＴシステムなども会社のコストを構成するものであり、利益に直結するフィールドだ。特に、適正な利益を出すために、良いものを安く仕入れ、適切に原価や経費を管理するしくみを構築することは、企業競争力の向上に大きく貢献する。何といっても、自社の努力で実現し得るというのは大きい。しかし、一部の企業では、原価管理の構造は、聖域化していることが多く、経営者ですらタッチできない企業もあるようだ。これは明らかに企業の成長の芽を摘んでいるとしか言いようがない。これらの改革は、経営者の勇気ある決断が必要になる。

このような構造改革は慎重になるべき点ではあるが、聖域のまま改革が進まないことは、体にある悪性腫瘍を放置しておくようなものだ。ぜひ慎重に課題を抽出した後に、そこに問題があるとすれば、経営者が旗を振って聖域なき改革を断行してほしい。

最後は営業力だ。個人の交渉戦術に関しては、まさに本書で解説した通り、さまざまな交渉スキルを経験させ、ＯＪＴ、研修等によって、個人レベルで磨く必要があるだろう。詰まるところ、企業が勝ち残るために、これら組織の交渉力を向上させることが経営者の責務であり、同時に営業一人ひとりの交渉力を向上させることも求められる。

次の章では、一人ひとりの交渉力を向上させる施策について解説しよう。

第9章

交渉の日々鍛練法

本気で交渉力を高めるならば、当然それは一朝一夕にはいかない。日々の経験と鍛錬の中で、ロジック、スキル、メンタルを磨き続ける必要があるわけだ。

そこで、現実のビジネスや私生活で何をどのように鍛える方法があるかを考えてみよう。話を分かりやすくするために、3つの力「論理力」「コミュニケーション力」「交渉力」に言い換えて、できるだけ現実的かつ平易な訓練方法を紹介しよう。

1．論理力向上のための訓練方法

・結論ファースト・ポイントスリー法

これは、結論を先に述べて、その後にその結論を支える重要ポイントを最大3つ程度で述べるという、基礎的な訓練法だ。

情報収集→分析→結論（仮説可）→要因（推定可）の流れで考え、結論としての要因を端的に説明できる訓練をすることが必要だ。

あなたが医師だと仮定しよう。患者さんが来て「今朝からお腹が痛いんです…」と訴えてきた。まさかそれ以上の根拠も聞かずに「きっと、風邪でしょう。まずは下痢止めを出しておきますから」といった診断と処方はしないはずだ。まずは「症状発生時期、期間、最近食べたもの、発熱、その他の症状…」などの根拠となる情報収集をするはずだ。そのうえで、「食あたりの可能性が高い、なぜなら…」と患者へ説明するだろう。そして、その確定診断に応じて、最適な処方を適用するはずだ。

これはビジネスでもまったく同じである。できるだけ（部分的ではなく）全体像をイメージしながら、頭の中で結論を構成する。その結論は仮説でも構わない。その後に、「なぜなら」と自分も他人も納得する理由を最大３つ程度に絞って考え、話をする。この訓練を日々のビジネスシーンで挑戦することだ。

行き当たりばったりや、思いつき、経験だけの判断は危険である。ビジネスで成果を出したいならば、可能な限り論理性を追求する必要がある。ただし、論理性はビジネスで成功するうえでの必要条件であり、十分条件ではない。論理性があったうえで、人の気持ちを察したり、対人関係を向上したりする心理的な能力も同時に求められてくる。

2. コミュニケーション力向上の訓練方法

コミュニケーション力を向上させることは、個人的には論理力を高めるよりも難易度は高いと考える。なぜなら、論理性はいわば「考え方」なので、ゴルフでいえば、スイングのフォームみたいなものだ。もちろん、生まれもっての器用さや体型なども関係はしてくるが、訓練によって理想的なフォームに近づくことはできる。しかし、コミュニケーション力は、子どものころから大人になるまでの成長過程で養われたものであることと、ホルモンの分泌などのように生理学的な要素も関与するために、一朝一夕にダイナミックに変えることは容易ではない。

とはいえ、コミュニケーション力は、漢方薬のように少しづつ、しっかりと意識・改善していけば、必ず向上できると私は信じている。

まず訓練の第一歩は「あいさつ」と「人の名前を呼んで対話すること」である。これがしっかりとできた人は、次に傾聴スキルの向上に進むわけだが、傾聴はコミュニケーションの「1丁目1番地」だ。人の話を聴くときに、相手がどんな相手であっても、最初はしっかりと耳を傾ける。そして、目を見て、うなずきながら、相手の話を引き出しつつ、時に要約・確認などをしながら、自分の理解を進めていく。こんなシンプルな行為だが、これを意識して繰り返していくことで、漢方薬のようにジワジワとコミュニケーション力が向上すると確信している。

私は研修や講演後に質問や挨拶に来る人には、たとえ1分でもいただいた名刺と相手の顔を交互に見ながら、できるだけ集中してその人の話を聴くように努力している。これは、私自身のトレーニングでもあるからだ。しかし、逆に私が誰かの講演などで、終了後に講演者のところへ行って質問をしても、「心ここに非ず」という人が非常に多く、残念でならない。

3．交渉力向上の訓練方法

交渉力は「論理力」と「コミュニケーション力」が向上すれば、基本的には右肩上がりに向上していく。しかし、いくら交渉スキルで武装しても、実践で使用しなければ腕は磨かれない。実際の交渉は利害関係が明確になるために一筋縄ではいかないことも多々ある。そんな交渉力を向上するためには「交渉の場数をこなす」「準備をする」「シナリオを描く（二手三手先を読む）」ことが不可欠だ。やはり場数をこなさなければ、あらゆる交渉シーンに対応できない。

私生活でも、家や車の売買や、家族と旅行を決めるとき、さらには海外旅行先での買い物の際などには、本書を振り返りながら、どんどん実践をしていってほしい。そして、その際には、ＳＰＲＩＴシートで準備を整え、二手三手先を読みながら自分なりのシナリオを作る。もしシナリオ通りに進まない場合は、機転を利かせて新たなシナリオを構成する。この繰り返しの訓練によって、確実に交渉力は向上する。交渉から逃げてはいけない。交渉相手と向き合い、可能な限りＷｉｎ－Ｗｉｎ交渉を模索し、双方に利益がもたらされる知恵を絞ることを、何より先に考えてほしい。

またＷｉｎ－Ｌｏｓｅ交渉であっても、相手の満足度が少しでも向上する価値交換を提案してみよう。それでもだめなら、切り札（ＢＡＴＮＡ）を使うしかないだろう。この繰り返しの経験で交渉力は向上する。

おわりに

まずは、最後まで読んでいただいた皆さまには心から感謝を申し上げたい。

皆さんは、ここまで交渉について、どのような理解をされただろうか。交渉の語源は諸説あるが、交渉（negotiation）とは、ラテン語で「忙しい」という意味だそうだ。分解すると、negotiation⇒neg（ない）とotium（暇）＝忙しい（busy）という具合になる。

すなわち交渉の語源は、ビジネス（business）に通ずる概念を表す。従って、交渉に取り組むということは、骨の折れる仕事と考えられており、それほど時間、エネルギー、知恵を使う大変なものなのだ。しかし大変だと分かっていても、我々は地球上に住んで生きている以上、交渉から逃れることはできない。利益や資源は人間が生きるために必要であり、同時に地球上の資源が限られているからだ。

かといって、戦争や紛争のように力で利益を得るのではなく、対話によって利益を増やしてから分け合うことができれば、人間にとっても地球にとっても良いはずに違いない。そう考えると、元来交渉は我々が幸せになるために必要な利益を上手に分配する重要な手段なのである。やはり「交渉力」というものは、ビジネスパーソン、いや全人類に必要なスキルなのではないだろうか。少し大げさな表現だとは思うが、それだけ交渉力というのは、学ぶ価値があるものだと私は考える。ぜひ、本書で学んだ交渉スキルをすぐにでも実践で活用し、それとともに同僚や上司にも、交渉の重要性を説いていただければ幸いである。本書をお読みいただいた皆さんにあらためて御礼申し上げたい。

最後に、本書の執筆にあたり、出版に向けてご尽力いただいた、経済法令研究会の井上真人さん、西畑宰さんには、心から感謝申し上げたい。彼らは金融業界における資格試験や研修などのスペシャリストであり、日々金融業界の人材育成支援に力を注いでいる。金融業界においてもＷｉｎ－Ｗｉｎ交渉を進める意義は高く、銀行員たちは、専門力や交渉力、リーダーシップをはじめ、自己研鑽に励んでいるのだ。そんな金融業界も例外なく、商品の差別化が難しくなる中で、最後に組織の優勝劣敗を決めるのは人であると彼らも力説している。

無論、金融業界のみならず、あらゆる業界が同様の事態に直面しており、国内外において利益を増やし、分配する交渉がこれからも地球上で繰り広げられることだろう。そんなシーンに皆さんが遭遇したのならば、本書を思い出し、しっかりと交渉の準備を行い、シナリオを構築し、できることならばＷｉｎ－Ｗｉｎ交渉にすべく善処してほしい。

２０１６年９月

葛西伸一

〈参考文献〉

ハーバード流交渉術（ロジャー・フィッシャー／ウィリアム・ユーリー著／岩瀬大輔［訳］／三笠書房）
マネジャーのための交渉の認知心理学（マックス・H・ベイザーマン／マーガレットA・ニール著／奥村哲史［訳］／白桃書房）
交渉のメソッド（アラン・ランプルゥ／オウレリアン・コルソン著／奥村哲史［訳］／白桃書房）
ハーバード×MIT流 世界最強の交渉術（ローレンス・サスキンド著／有賀裕子［訳］／ダイヤモンド社）
黒田官兵衛の情報学（宮崎正弘著／晋遊舎新書）
ペリー提督の機密報告書（今津浩一著／ハイデンス）
交渉力のプロフェッショナル（ジーン・M・ブレッド著／奥村哲史［訳］／ダイヤモンド社）
最強　ハーバード流交渉術（ウィリアム・ユーリー著／峯村利哉［訳］／徳間書店）
新ハーバード流交渉術（ロジャー・フィッシャー／ダニエル・シャピロ著／印南一路［訳］／講談社）
実践・交渉のセオリー（高杉尚孝著／NHK出版）
3時間で手に入れる最強の交渉力（荘司雅彦著／ビジネス社）

葛西伸一（かさい しんいち）
株式会社メンター・クラフト 代表取締役社長
豪州ボンド大学大学院ＭＢＡコース修了後、大手エレクトロニクス商社に勤務。その後伊藤忠テクノサイエンスグループ（現伊藤忠テクノソリューションズ）で営業・企画・マネージャーの経験を経て、2007年４月に株式会社メンター・クラフトを設立。
「育てる人を創る」を掲げ、人材開発業界に参入。企業が市場で生き残るためには、管理職や中堅社員がマネジメント能力とリーダーシップ能力を高めることが最優先であると考え、様々なプログラムを開発。現在では、受講者が仕事現場で実践できる研修を主眼におき、20種類以上の研修プログラムをデリバリーしている。

経法ビジネス新書 014
すぐに使える！ ビジネス交渉14のスキル

2016年10月15日初版第１刷発行

著　　者	葛西伸一
発 行 者	金子幸司
発 行 所	株式会社 経済法令研究会 〒162-8421 東京都新宿区市谷本村町 3-21 Tel 03-3267-4811 http://www.khk.co.jp/
企画・制作	経法ビジネス出版株式会社 Tel 03-3267-4897
カバーデザイン	株式会社 キュービスト
帯デザイン	佐藤 修
編集協力	株式会社 ビーケイシー
印 刷 所	音羽印刷株式会社

乱丁・落丁はお取替えいたします。

ISBN978-4-7668-4813-7 C0234

経法ビジネス新書刊行にあたって

経済法令研究会は、主に金融機関に必要とされる業務知識に関する、書籍・雑誌の発刊、通信講座の開発および研修会ならびに銀行業務検定試験の全国一斉実施等を通じて、金融機関行職員の方々の業務知識向上に資するためのお手伝いをしてまいりました。

ところがその間、若者の活字離れが喧伝される中、ゆとり世代からさとり世代と称されるにいたり、価値観の多様化の名のもとに思考が停滞しているかの様相を呈する時代となりました。そこで、文字文化の息吹を絶やさないためにも、考える力を身につけて明日の夢につながる知恵を紡いでいくことが、出版人としての当社の使命と考え、経済法令研究会創業55周年を数えたのを機に、経法ビジネス新書を創刊することといたしました。読者のみなさまとともに考える道を歩んでまいりたいと存じます。

２０１４年９月

経法ビジネス出版株式会社